Friedrich Herneck

Einstein privat

Herta W.
erinnert sich an die Jahre
1927 bis 1933

Buchverlag Der Morgen

ISBN 3-371-00108-3

© Buchverlag Der Morgen, Berlin 1978

In diesem Buch wird Albert Einstein in seiner häuslichen Umgebung und mit seinen Gewohnheiten so vorgestellt, wie er fortlebt im Gedächtnis einer Bürgerin der DDR, die als »Stütze« sechs Jahre in seinem Haushalt in Berlin und Caputh tätig war und, wegen ihrer Tüchtigkeit geschätzt und geachtet, fast mit zur Familie gehörte.

Die in fünf Gesprächen abgefragten Erinnerungen werden ergänzt durch die Ergebnisse eigener Erkundung sowie durch glaubhafte Angaben aus zeitgenössischen Berichten. Dabei konnten einige Sachverhalte geklärt und Legenden widerlegt werden. Da und dort wurden fachwissenschaftliche oder geschichtliche Erläuterungen eingefügt; sie sind von dem Gesprächstext jeweils durch eine Leerzeile abgehoben.

Das Buch, ein dokumentarischer Beitrag zum hundertsten Geburtstag des großen Physikers und Humanisten am 14. März 1979, möge seine Freunde erfreuen und seinen künftigen Biographen nützen!

Berlin, im Februar 1978 . Friedrich Herneck
Prof. Dr. phil. habil.

Liebe Herta!

Sie hätten die Freude sehen sollen, als Ihr Brief ankam. So oft fragten wir uns: Was ist denn aus unserer guten tapferen Herta geworden? Und wir fanden es bedenklich, daß wir so lange nichts hörten. Sie haben ja so viel und so Verschiedenartiges mit uns zusammen erlebt, in der nun verschwundenen Haberlandstraße und in Caputh...

Alle herzlichen Wünsche
Ihr A. E.

(Aus einem Brief Einsteins aus Princeton, April 1947)

Erstes Gespräch

*Die Wohnung
in der Haberlandstraße*

Herta über sich selbst
Grüne Bohnen und Hammelkotelett
Sieben-Zimmer-Wohnung mit Komfort
Amt Cornelius, Nr. 2807
Bechstein-Flügel im Salon
Das Fernrohr neben dem Schreibtisch
Porträtmaler im Turmzimmer
Mit Joffe auf einer Parkbank
Keine Zeit für den Frisör
Fort mit den Manschetten!
»Konservenmusik« nicht gefragt
Mit der Geige nachts in der Küche
Konzertbesuche mit Toni
Streit um das Taschengeld
Kaffeemaschine mit Spiritusflämmchen
Teenachmittage und Musikabende
Kastanien zum Schweinsfilet
Jubiläumsfeier für Herta
Ein »typischer Einspänner«
Ungeregelter Tagesablauf
Frau Elsa mit Lorgnette
Die »Verflossene« und ihre Söhne
Keine Legenden ...

FH: Sie waren so freundlich, sich für die Beantwortung meiner Fragen über Einsteins letzte Berliner Jahre zur Verfügung zu stellen. Ich danke Ihnen für Ihre Bereitschaft. Wie vereinbart, schneide ich unsere Gespräche mit, um vor allem den authentischen Charakter Ihrer Auskünfte zu sichern. Sollte die Befragung stellenweise den Tonfall einer Vernehmung haben, so bitte ich dies zu entschuldigen. Die Sache bringt das mit sich. Jedenfalls ersuche ich Sie, nach bestem Wissen und Gewissen zu berichten.

HW: Ich werde mich darum bemühen.

FH: Wir sind uns darüber im klaren, daß nach den rund fünfzig Jahren, die inzwischen vergangen sind, manche Erinnerung verblaßt oder gänzlich ausgelöscht sein wird. Wir müssen uns also mit Erinnerungssplittern begnügen und uns auf solche Erlebnisse und Beobachtungen beschränken, die sich aus irgendwelchen Gründen fest in Ihr Gedächtnis eingeprägt haben. Zunächst bitte ich Sie um die üblichen Angaben zur Person.

HW: Ich wurde am 29. Dezember 1906 in Salzhof bei Spandau geboren. Mein Vater, dessen Eltern, Kleinbauern in Pommern, um die Jahrhundertwende mit sechs von acht Kindern nach Amerika ausgewandert sind, war da als »herrschaftlicher Kutscher« in einer Chemischen Fabrik angestellt. Er hat die Direktoren gefahren und ihre Kinder zur Schule gebracht. Meine Mutter, die Tochter eines oberschlesischen Bergarbeiters, war vor ihrer Verheiratung auf einem Gutshof im Westhavelland als Hausangestellte und in der Landwirtschaft tätig. Als nach dem ersten Weltkrieg die Fabrik, die kriegswichtiges Material hergestellt hatte, eingegangen war, übersiedelten meine Eltern nach Lautawerk in der Niederlausitz. Dorthin, an die »Vereinigten Aluminiumwerke«, war mein Vater empfohlen worden.

FH: Nach den Polizeiakten, durch die ich auf Sie aufmerksam wurde, hat man Sie im Sommer 1934, als Sie im Auf-

10

trag der Gestapo von der Kriminalpolizei in Berlin über Einstein verhört werden sollten, in Lautawerk bei Ihren Eltern polizeilich gesucht.

HW: Ja, das war eine große Aufregung in dem Ort, als die Polizei nach mir fahndete. Aber ich war bereits seit längerer Zeit wieder in Berlin tätig, im Haushalt eines Arztes.

FH: Hatten Sie Geschwister?

HW: Zwei Brüder und eine Schwester.

FH: Wo gingen Sie zur Schule?

HW: Von 1913 bis 1920 besuchte ich die Volksschule in Spandau, vom Mai 1920 bis zur Schulentlassung 1921 die in Lautawerk. Ich wurde in Spandau für die sogenannte Aufbauschule ausgewählt. Durch den Umzug meiner Eltern ist leider nichts daraus geworden.

FH: Wissen Sie etwas über die politische Einstellung Ihres Vaters?

HW: Nein. Ich weiß nur, daß er an den Maifeiern der Sozialdemokraten in Spandau teilgenommen hat.

FH: Nach dem Protokoll der polizeilichen Vernehmung vom 5. September 1934 waren Sie bei Einstein vom 15. Juni 1927 bis zum 1. Juni 1933 als Hausangestellte tätig. In dem Zeugnis, das Frau Elsa im Mai 1933 in Belgien für Sie ausfertigte, wird für Ihren Dienstantritt ein etwas früherer Zeitpunkt genannt.

HW: Ich glaube, daß die Angaben, die ich selbst bei der Vernehmung gemacht habe, den Tatsachen entsprechen.

FH: Wo haben Sie gearbeitet, bevor Sie zu Einstein kamen?

HW: Mein Vater wollte nicht, daß ich einen Büroberuf ergreife, obwohl ich das gern getan hätte. So habe ich nach der Entlassung aus der Schule über ein Jahr lang in einem Ledigenheim in Lautawerk die Zimmer saubergemacht. Dann war ich in Berlin bei Geheimrat H. in Stellung. Er gehörte dem Aufsichtsrat der »Vereinigten Aluminiumwerke« an. Ich mußte da schon bald den ganzen Haushalt führen. Im Winter 1926/27 wurde ich in der Charité am Blinddarm operiert. Da es mit der Genesung Schwierigkeiten gab, meinte Frau Geheimrat H., ich sollte mir vorübergehend eine weniger anstrengende Tätigkeit suchen. So war ich zunächst in Berlin in einer Seifenfabrik bei leichter Arbeit beschäftigt. Und dann kam ich in das Haus von Herrn Professor Einstein.

FH: Durch eine Empfehlung?

HW: Nein. Ich war zu einer Stellenvermittlung gegangen, ich glaube, sie lag in der Jägerstraße, und da kam Frau Professor und hat mich gesehen. Wir unterhielten uns, und sie nahm mich gleich in die Haberlandstraße mit, damit ich mir die Wohnung anschauen konnte. Ich habe zugesagt und gleich angefangen.

FH: Frau Einstein war an Ihrem sofortigen Dienstantritt anscheinend sehr interessiert.

HW: Ja. Die Einsteins waren sehr in Druck, denn die Hausangestellte vor mir hatte sie ganz plötzlich verlassen und dabei einige Wertsachen mitgenommen. Ich war nachher mit Frau Professor beim Gericht, und wir haben die Gegenstände, die sie mitgehen ließ, wieder abgeholt. Es waren Silbersachen, und, na ja, was sie so für mitnehmenswert hielt. Dadurch waren die Einsteins Knall auf Fall allein, und da waren sie wohl recht froh, daß sie so rasch wieder jemand gefunden hatten. Ich war damals zwanzig Jahre.

FH: Hat sich Frau Einstein nach Ihren hauswirtschaftlichen Kenntnissen erkundigt?

HW: Sie fragte nur, ob ich kochen kann. Ich sagte, ein bißchen kann ich schon kochen, aber eine Köchin bin ich nicht. Ich habe dann gleich zu Mittag gekocht. Es gab grüne Bohnen und Hammelkotelett. Nachher sagte Herr Professor, es ist das erste Mal, daß jemand sagt, er kann nicht kochen, und dabei habe es ihm noch nie so gut geschmeckt. Daran kann ich mich ganz genau erinnern. Ich weiß das noch, als ob es gestern gewesen wäre.

FH: Es war ja auch ein dickes Lob für Sie. Wußten Sie vor Ihrem Dienstantritt etwas über Einstein?

HW: Nicht viel. Ich hatte wohl seinen Namen gehört und vielleicht auch in der Zeitung gelesen. Aber ein Begriff war er mir nicht.

FH: Welchen Eindruck hat das Haus auf Sie gemacht? Es stammte, nach einem überlieferten Foto zu urteilen, aus der Zeit kurz vor der Jahrhundertwende.

HW: Es war für meine Begriffe ziemlich prunkvoll. Es gab da einen Fahrstuhl und einen Portier, der saß unten in der Loge, die direkt an seine Wohnung anschloß.

FH: In welchem Stockwerk wohnten die Einsteins?

HW: Im vierten Obergeschoß. Es war eine Sieben-Zim-mer-Wohnung. Eine Etage höher, in einer Mansarde, lag das Studierzimmer von Herrn Professor.

FH: Sie erzählten mir einmal, daß der SPD-Reichstagsab-geordnete Dr. Rudolf Breitscheid, der 1944 im KZ Bu-chenwald ums Leben kam, ein Stockwerk tiefer, also im dritten Obergeschoß, gewohnt hat. Gab es irgendwelche Kontakte zwischen den beiden Familien?

HW: Die Breitscheids zogen erst ganz zum Schluß ein, ge-gen Ende 1932, als Herr Professor bereits wieder in Ame-rika war und in Pasadena seine Vorlesungen hielt. Viel-leicht sind sie sich bei anderen Gelegenheiten begegnet, das weiß ich nicht. Aber im Haus selbst haben sie keine Kontakte gehabt.

FH: Wer wohnte sonst noch in diesem mehrstöckigen Ge-bäude?

HW: Das kann ich nicht sagen. Da war jeder Mieter für sich allein in seinem Stockwerk. Im Haus bestand kein freundschaftlicher Verkehr unter den Mietern und auch nicht unter den Hausangestellten. Ich weiß also nicht, wer außer Breitscheids sonst noch da gewohnt hat.

Von Besuchern wurde Einsteins Wohnung unterschiedlich bewertet. Max Born sprach in seinen Erinnerungen an Einstein von einer »wohlgepflegten Häuslichkeit«. Philipp Frank, Einsteins Nachfolger auf dem Lehrstuhl für theoretische Physik an der Deutschen Universität Prag, schreibt in seiner Biographie: Einstein »lebte inmitten schöner Möbel, Teppiche und Bilder«. Er nennt Einsteins Wohnung »geräumig«. Frank hatte sie schon während des ersten Weltkrieges kennengelernt, als Einstein, der damals noch in der Wittelsbacherstraße wohnte, seinen Besucher einmal in die Haberlandstraße zu seinem Onkel zweiten Grades, Rudolf Einstein, zum Mittagessen mitgenommen hatte. In einem Brief an seinen Freund Besso in Bern vom September 1917 bezeichnet auch Einstein die Wohnung in der Haberlandstraße als »geräumig«. Im Gegensatz dazu behauptet Charlie Chaplin, der um 1931 in der Haberlandstraße zu Besuch war, in seinem Buch »Die Geschichte meines Lebens«, Einstein hätte eine »bescheidene, kleine Wohnung« innegehabt, mit »alten, abgetretenen Teppichen«. Aus der Sicht eines millionenschweren amerikanischen Filmstars, der an einen entsprechenden Wohnkomfort gewöhnt war, mochte sich Einsteins Sieben-Zimmer-Wohnung vielleicht so ausnehmen. Aber für deutsche Verhältnisse war diese Wohnung weder klein noch bescheiden.

FH: Ich möchte Sie nun bitten, auf Grund Ihrer genauen Kenntnis die Lage der Zimmer zu beschreiben.
HW: Von der Wohnungstür gesehen, lag ganz hinten links das Schlafzimmer der beiden Töchter aus Frau Elsas erster Ehe, Ilse und Margot. Als ich hinkam, war es das Zimmer von Margot allein. Ilse hatte kurz zuvor geheiratet und wohnte nicht mehr in der Haberlandstraße. Vor diesem Zimmer der Salon, das sogenannte Biedermeierzimmer.

FH: Verzeihen Sie die Unterbrechung, aber mit dem Ausdruck Biedermeier verbindet sich für den Kenner von Einsteins Leben eine Erinnerung an seine Schülerzeit in München. Damals wurde er von den Mitschülern in gutmütigem Spott »der Biedermeier« genannt, weil er so langsam und bedächtig sprach und so wahrheitsliebend und bieder war. Aber bitte fahren Sie fort mit der Beschreibung der Wohnung.

HW: Der Salon hatte einen Durchgang zur Bibliothek. Dann kam an der Ecke links vorn das Schlafzimmer von Herrn Professor. Es lag gleich neben dem Eingang. Ganz hinten rechts war das Schlafzimmer von Frau Professor, daneben das Bad. Dann kam das Eßzimmer, von dem es einen Durchgang zum Biedermeierzimmer gab. Es folgte ein kleiner Flur, von dem man in das Gästezimmer gelangte. Da haben gelegentlich Besucher übernachtet. Aber das kam nicht oft vor. Meistens diente dieser Raum als Näh- und Plättstube. Dann gab es natürlich noch die Küche und daneben die Speisekammer. Hier stand ein großer Kühlschrank, der mit Roheisstücken betrieben wurde. Erst in Caputh hatten wir einen elektrischen Kühlschrank, der, wie ich hörte, heute dort noch vorhanden ist...

FH: ... aber nicht mehr funktioniert. Das wäre auch zu viel verlangt nach bald einem halben Jahrhundert!

HW: Ganz vorn rechts lag die Toilette, gleich neben dem Eingang. Ich selbst hatte ein kleines Zimmer. Der größte Raum in der Wohnung war der Salon. Hier stand auch der Flügel. Darauf lag meistens der Geigenkasten von Herrn Professor. Der Flügel paßte meiner Meinung nach eigentlich nicht so recht zu dem Stil der Biedermeiermöbel, aber er stand eben hier, weil der Salon der größte Raum der Wohnung war.

FH: War der Flügel ein klangschönes Instrument? Es soll ein Bechstein-Flügel gewesen sein.

HW: An das Fabrikat kann ich mich nicht erinnern. Aber es war für meine Begriffe ein sehr gutes Instrument.

FH: Nach welcher Himmelsrichtung lagen die Fenster des Biedermeierzimmers und der Bibliothek?

HW: Meines Erachtens nach Osten oder Südosten, denn es war immer sehr viel Licht in diesen Räumen.

FH: Südosten würde gut mit der Straßenführung übereinstimmen, die ich mir kürzlich auf einem alten Stadtplan von Berlin angeschaut habe. Durch den Augenschein kann man das leider nicht mehr feststellen; wie Sie ja wissen, ist das Haus in der Haberlandstraße während des zweiten Weltkrieges bei einem Luftangriff bis auf die Grundmauern zerstört worden.

HW: Ich habe nach dem Krieg diese Gegend einmal besucht. Sie war nicht wiederzuerkennen.

FH: Auch Einsteins Geburtshaus in Ulm ist einem Luftangriff zum Opfer gefallen. Es ist völlig vernichtet. Glücklicherweise hat aber das Sommerhaus in Caputh – entgegen manchen Angaben in der Literatur – die Kriegsereignisse gut überdauert, obwohl bei dem Bombenabwurf auf Potsdam im April 1945 in der Nähe eine Luftmine niederging, die Zerstörungen anrichtete und mehrere Einwohner das Leben kostete. Das Haus ist heute auf dem Gebiet der beiden deutschen Staaten die einzige Stätte, die an Einstein erinnert. Doch zurück zur Wohnung in der Haberlandstraße um 1930. Wie es heißt, hat man Anfang der zwanziger Jahre eine Treppe höher, im Dachgeschoß also, für Einstein ein Mansardenzimmer ausgebaut. Könnten Sie diesen Raum, der sein eigentlicher Arbeitsraum war, näher beschreiben?

HW: Das Turmzimmer, wie wir es nannten, bestand ursprünglich wohl aus zwei Mansardenräumen. Beim Ausbau wurde die Zwischenwand teilweise rausgebrochen. Der Raum war breit, aber nicht tief. Die eine Wand stand voll mit Büchern.

FH: Das Foto des Hauses läßt zwei kleine Fenster erkennen.

HW: Ja, es waren zwei Fenster da. Wenn man das Zimmer betrat, kam man direkt auf eines der beiden Fenster zu. In einer Ecke war der Fußboden ein bißchen erhöht. Da hat Herr Professor immer gesessen. Da stand sein Schreibtisch. An dem hat er gearbeitet. Neben dem Schreibtisch stand sein Fernrohr zum Beobachten der Sterne. Es war so eine Art Schulfernrohr. Es stand in der Ecke auf einem Stativ neben dem Fenster.

FH: Auch mit einem Amateur-Fernrohr kann man die Mondkrater, die galileischen Jupitermonde, die Saturnringe, die Venusphasen und manches andere beobachten. Hat Einstein Sie nicht manchmal eingeladen, durch das Fernrohr zu schauen?

HW: Leider nicht.

FH: Dr. Rudolf Kayser, der Mann von Einsteins Stieftochter Ilse, veröffentlichte 1930 in englischer Sprache unter dem Decknamen Anton Reiser eine Einstein-Biographie, zu der Einstein das Vorwort schrieb. Kayser, der die Verhältnisse in der Haberlandstraße sehr gut kannte, schreibt, daß in Einsteins Arbeitszimmer drei Bilder an der Wand hingen. Es waren die Bildnisse der englischen Physiker Michael Faraday und James Clerk Maxwell und des deutschen Philosophen Arthur Schopenhauer, in dessen Schriften Einstein gern gelesen hat. Von anderen Biographen wird noch ein Bild Isaac Newtons genannt. Gab es denn im Turmzimmer so viele freie Flächen zum Aufhängen dieser Bilder?

HW: Die Wand, wo das Fernrohr stand, war auf jeden Fall frei, ebenso der Platz zwischen den beiden Fenstern. Da stand auch kein Bücherregal. Es war also gut möglich, da drei oder vier Bilder aufzuhängen. Es war so ein richtiges Mansardenzimmer, vorn mit oben leicht abgeschrägten Wänden. In dieses Zimmer hat sich Herr Professor oft stundenlang zurückgezogen. Auch der Sekretär, 1927 ein Student, ist immer nach oben gegangen und hat dort auf der Schreibmaschine geschrieben.

FH: Der Student, der damals, als Sie in die Haberland-straße kamen, für Einstein die Schreibarbeiten erledigte, war an der Juristischen Fakultät der Berliner Universität immatrikuliert. Vorher war ein anderer Student für Einstein als Schreibkraft tätig, ebenfalls Jurist. Das war kein Zufall. Jura-Studenten haben damals die Vorlesungen ihrer Professoren häufig geschwänzt, weil sie sich den Prüfungsstoff ebensogut aus Büchern aneignen konnten. Sie waren daher zeitlich nicht so gebunden wie etwa Studenten der Naturwissenschaft, die ja auch experimentell zu arbeiten hatten, und so konnten sie eine zusätzliche Tätigkeit übernehmen. Übrigens war die erste Privatsekretärin Einsteins seine Stieftochter Ilse. Sie schrieb für ihn, bis sie sich 1926 verheiratete.

HW: Das war vor meiner Zeit.

FH: Im Frühjahr 1928, während Einstein erkrankt zu Bett lag, kam – wie Sie ja wissen – Fräulein Dukas als Privatsekretärin ins Haus. Erst probeweise. Aber sie blieb es dann über ein Vierteljahrhundert, und sie verwaltet seit 1955 in Princeton Einsteins literarischen Nachlaß.

HW: An Fräulein Dukas kann ich mich sehr gut erinnern, obwohl ich keine näheren Beziehungen zu ihr hatte. Denn sie wohnte nicht in der Haberlandstraße, sondern kam immer nur einige Male in der Woche, vielleich dreimal, zum Diktat und zur Erledigung der Briefpost. Die Schreibmaschine stand oben im Turmzimmer. Es war eine Reiseschreibmaschine.

FH: Sie erwähnten einmal, daß Einstein in seinem Arbeitszimmer gemalt wurde. Können Sie darüber Genaueres berichten?

HW: Ja. Herr Professor wurde im Turmzimmer gemalt, und ich mußte, wenn ich raufkam, um Tee oder andere

18

Erfrischungen zu bringen, immer gucken, ob das Bild ähnlich wird. Das hat der Maler so gewünscht, und auch Herr Professor legte Wert auf mein Urteil. Ich mußte die Ähnlichkeit prüfen, als Laie eben.

FH: Es gibt aus Einsteins Berliner Zeit mehrere Bilder, eines wurde von Max Liebermann gemalt.

HW: Der Maler, von dem ich hier spreche, war auf gar keinen Fall ein so berühmter Künstler wie Professor Liebermann. Den hätte ich ja auch nach Fotos erkannt, und der hätte mich sicherlich nicht gefragt, ob das Porträt, das er malt, ähnlich wird.

FH: Liebermann malte seine Porträts meistens in seinem Atelier. Auch das bekannte Bild von Ferdinand Sauerbruch, das aus der Zeit stammt, als Sie bei Einstein tätig waren, wurde in Liebermanns Atelier am Pariser Platz gemalt. Der große Chirurg mußte seinen weißen Kittel dorthin mitbringen. Bei dem Maler, von dem Sie sprachen, dürfte es sich um einen noch wenig bekannten Künstler gehandelt haben.

HW: Es schien mir ein Maler zu sein, dem Herr Professor eine Chance geben wollte, durch das Porträt von ihm in der Öffentlichkeit bekannt zu werden. Er hat Herrn Professor immer erst längere Zeit bei der Arbeit beobachtet, um sich seine Gesichtszüge einzuprägen, und dann hat er die Staffelei aufgestellt und richtig gemalt. Und ich mußte immer mal gucken.

FH: Es kennzeichnet Einsteins demokratische Einstellung, daß er auf das Urteil eines Laien, wie Sie es in der Malerei ja zweifellos waren, so großen Wert legte. Es scheint mir dies auch ein Ausdruck der Achtung zu sein, die Einstein sogenannten einfachen Menschen entgegenbrachte. Dieser Wesenszug findet sich bei vielen anderen Gelegenheiten wieder. – Ich habe vorhin die gegensätzlichen Einschätzungen von Einsteins Wohnkultur angeführt. Welchen Eindruck hat die Wohnung auf Sie gemacht?

HW: Nun ja, das waren alles sehr gute und schöne Möbel. Das Büfett im Speisezimmer nahm eine ganze Front ein, wie heute eine Schrankwand. Alles schwere Sachen. Das Biedermeierzimmer war für meine Begriffe – wie soll ich mich ausdrücken – sehr stilvoll. Ich war in diesen Dingen nicht gerade verwöhnt und auch nicht sachverständig, aber ich fand das alles wirklich wunderschön. Besonders beeindruckt hat mich die Bibliothek mit dieser großen Bücherwand. Da standen die Bücher bis hinauf zur Decke. So was hatte ich bis dahin noch nicht gesehen, auch nicht bei Geheimrat H.

FH: Wenn man die dicht mit Büchern gefüllten Regale im Turmzimmer hinzunimmt, so kann man doch nicht im Ernst behaupten, es habe bei Einstein zwar Bücher, aber keine Bibliothek gegeben. Das tut aber János Plesch, von dem wir noch öfter sprechen werden, in seinem Erinnerungsbuch »Ein Arzt erzählt sein Leben« (1949).

HW: Ich verstehe nicht, wie Professor Plesch zu so einer Behauptung kommen konnte. Er kannte die Wohnung in der Haberlandstraße doch ziemlich genau.

FH: Gab es im Bibliothekszimmer nur schöngeistige Werke, also Romane, Erzählungen, Gedichte usw., oder auch fachwissenschaftliche Bücher?

HW: Hier war nur die Unterhaltungsliteratur aufgestellt. Die wissenschaftlichen Werke, die Herr Professor für seine Arbeit brauchte, standen alle oben im Turmzimmer.

FH: Waren darunter auch größere, mehrbändige Nachschlagewerke wie »Brockhaus« oder »Meyer«? Plesch behauptet nämlich, Einstein habe keine Nachschlagewerke besessen.

HW: Das dürfte stimmen. An mehrbändige Nachschlagewerke kann ich mich nicht erinnern. Ich müßte sie bemerkt haben, weil ich ja die Bücher regelmäßig abgestaubt habe, im Turmzimmer einmal in der Woche, wenn Herr Professor nicht da war.

20

FH: Was gab es im Bibliothekszimmer außer den Büchern?

HW: Einen schmalen Tisch, einige Stühle und einen bequemen Ohrensessel. Vor dem Fenster stand ein Schreibtisch, darauf ein großer Globus. Neben der Tür, wenn man reinkam rechts, war ein verglaster Schrank mit Büchern, der einzige verglaste Bücherschrank in der Wohnung. Sonst erinnere ich mich nur an offene Bücherregale.

FH: Wurde der Balkon, der – wie Sie mir einmal sagten – vor dem Salon lag, häufig benutzt?

HW: Nur wenig. Ich entsinne mich auch nicht, daß es da Pflanzen gegeben hat. In der Wohnung gab es zu meiner Zeit ebenfalls kaum etwas Grünes...

FH: ... abgesehen von einer kleinen Zimmertanne, einer Araukarie, die auf einem Foto des Salons vor dem rechten Fenster zu sehen ist.

HW: Von so einem Bäumchen weiß ich nichts. Es kann sein, daß dieses Bild schon vor meiner Zeit gemacht wurde.

FH: Wie war das Schlafzimmer Einsteins ausgestattet?

HW: Ganz einfach. Sein Bett stand an der Wand zur Bibliothek, daneben sein Nachttisch. Dann gab es da einen Schrank, einen Tisch und einige Stühle. Vorn, gleich neben der Tür, stand die Silbertruhe. Darin lagen Silberbestecke für vierundzwanzig Personen, mit Fischbesteck, Mokkalöffeln und was eben dazugehört. Das ganze Zimmer war sehr schlicht gehalten.

FH: Aus Erinnerungen an Einsteins Berliner Jahre geht hervor, daß Fremde, die den Forscher besuchen wollten, in der Haberlandstraße meist erst telefonisch anfragten, ob und wann er zu sprechen sei. Wo war das Telefon?

HW: Der Hauptanschluß war auf dem kleinen Flur vor dem Gästezimmer und der Küche. Es gab aber mehrere Nebenanschlüsse, auf die ich umstecken konnte, je nachdem, ob Herr oder Frau Professor gewünscht wurde. Herr Professor hatte zwei Nebensprechstellen: eine unten auf seinem Nachttisch und eine oben auf seinem Schreibtisch beim Fenster. Durch die wurde er auch verständigt, wenn er zum Essen kommen sollte. Ich meldete mich bei Anrufen immer: »Hier bei Professor Einstein.« Die meisten Telefongespräche hat Frau Professor entgegengenommen und geführt. Nur wenn es sich um wissenschaftliche oder ganz private Sachen für Herrn Professor allein handelte, telefonierte er selbst. Sonst hat Frau Professor alles erledigt. Aber wenn beispielsweise Geheimrat Planck oder andere Wissenschaftler anriefen, dann mußte ich in das Zimmer von Herrn Professor unten in der Wohnung oder oben in das Turmzimmer umstecken. Es war ein altmodischer Apparat, wie sie damals noch gebräuchlich waren: ein Kasten an der Wand, an dem seitlich der Hörer angehängt wurde. Wenn man telefonieren wollte, mußte man erst an einer Kurbel drehen. Dann meldete sich das Amt. Ein Durchwählen wie heute gab es zu jener Zeit noch nicht. Alle Berliner Bezirke waren in Telefonbereiche eingeteilt, die ein Amt mit einem besonderen Namen hatten. Den Namen unseres Amtes weiß ich nicht mehr.

FH: Im Berliner Telefonbuch von 1931, das ich mir für diesen Zweck ansah, hatte Einstein die Nummer 2807, Amt Cornelius. Wurde sehr oft angerufen?

HW: O ja! An manchen Tagen war es sehr viel. Besonders Einladungen wurden meistens telefonisch durchgegeben. Auch Margot hat viel das Telefon benutzt. Die ältere Stieftochter, Ilse, war zu meiner Zeit – wie ich ja schon sagte – bereits verheiratet und wohnte anderswo. Ihr Mann, den Sie vorhin als Verfasser einer Einstein-Biographie nannten, war Redakteur im S. Fischer Verlag. Da ist zu meiner Zeit auch ein Buch von ihm erschienen.

FH: Es war vermutlich sein Buch über den französischen Mathematiker Henri Beyle, der sich als Romancier Stendhal nannte. Er war einer der großen realistischen Schriftsteller des 19. Jahrhunderts. Seine Romane »Rot und

Schwarz« und »Die Kartause von Parma« wurden nach 1945 auch durch Verfilmungen weithin bekannt. Ich habe Kaysers Buch schon früher einmal gelesen. Es ist ein geistvolles, fesselnd geschriebenes biographisches Werk. Einige Stellen in der Schilderung Stendhals erinnern an Einstein. So, wenn es heißt: »Seine Haare trug er lang; er wollte die halbe Stunde, die das Haarschneiden ihn gekostet hätte, der Mathematik nicht entreißen.« Das hätte man auch von Einstein sagen können. Das Buch enthält ein Widmungsblatt mit den Worten: »Meiner Ilse.« Dr. Kayser hat seine Frau offenbar sehr geliebt.

HW: Die Kaysers führten eine sehr glückliche Ehe. Sie waren oft zu Besuch in der Haberlandstraße, die ja nicht weit von ihrer Wohnung lag. Frau Dr. Kayser war damals schon kränklich, und so waren alle um sie bemüht. Beide waren später auch oft draußen in Caputh. Dort wurde für sie ein Zimmer bereitgehalten.

FH: Da ich das Haarschneiden erwähnt habe: Ich erinnere mich da an etwas, das ich von Ihnen hörte, nämlich, daß Frau Elsa ihrem Mann das Haar oft selbst geschnitten hat, weil sie ihn nicht dazu bewegen konnte, einen Frisör aufzusuchen. Das bestätigt auch sein Freund Plesch. Er schreibt über Einstein: »Für Verschönerung ist sein Zeitaufwand nicht groß. Wie lang die Locken gewachsen wären, wenn Frau Elsa sie ihm nicht von Zeit zu Zeit gekürzt hätte, kann man nicht wissen.« Frau Einstein hat sich anscheinend öfter als Amateurfriseuse betätigt.

HW: Ja, das hat sie. Wenn seine Haare zu lang waren, wenn es gar zu schlimm geworden war, dann hat sie ihm das Haar mit der Schere abgeschnitten. Das hat er sich dann auch machen lassen. Da Frau Professor aber sehr kurzsichtig war und beim Haarschneiden ihre Lorgnette, ihre Stielbrille, nicht ständig benutzen konnte...

FH: ... schnitt sie ihrem Mann das Haar sozusagen im Blindflug, und der Haarschnitt fiel dann auch dementsprechend aus. Es gibt Fotos, auf denen Einstein aussieht wie gerupft. Das dürfte das Ergebnis der Behandlung im »Salon Elsa Einstein« gewesen sein.

HW: Aber Herr Professor war eben nicht zu bewegen, zu einem Berufsfrisör zu gehen.

FH: Plesch schreibt, daß auch der Schnurrbart Einsteins »nur amateurisch zugestutzt« war, dort, wo er ihn allzusehr behinderte. Nach überlieferten Abbildungen zu urteilen, dürfte auch dies zutreffen. Aber nochmals zurück zur Wohnung in der Haberlandstraße. Wie es damals in vornehmen Bürgerhäusern üblich war, gab es außer dem Haupteingang sicherlich noch einen Nebeneingang für Lieferanten, Boten, Hausierer, Bettler usw.

HW: Die Treppe dieses Aufgangs endete oben auf dem Flur, direkt neben der Küche. Man kam unten aber nicht in der Haberlandstraße 'raus, sondern in der Aschaffenburger Straße. Dieser Eingang war durch eine Aufschrift entsprechend gekennzeichnet. Ich brauchte ihn nicht zu benutzen, denn ich hatte von Anfang an Schlüssel zum Haus und zum Fahrstuhl. Der Haupteingang in der Haberlandstraße war Tag und Nacht verschlossen. Der Portier öffnete nur, wenn »Herrschaften« kamen, die einen der Mieter besuchen wollten.

Als Einstein im April 1914 mit seiner Familie von Zürich nach Berlin übersiedelte, um hier sein Amt an der Akademie der Wissenschaften anzutreten, bezog er in Dahlem, einem ländlichen Vorort der »Reichshauptstadt«, eine Wohnung. Hier hatte die Kaiser-Wilhelm-Gesellschaft zur Förderung der Wissenschaften seit 1911 bereits Forschungsinstitute für Chemie gebaut, und hier sollte auch ihr Institut für Physik errichtet werden, als dessen Direktor Einstein vorgesehen war. Im Sommer 1914 kehrte Frau Mileva mit den beiden Söhnen Hans Albert (10) und Eduard (5) in die Schweiz zurück, und sie blieb auch dort nach Ausbruch des Krieges. Da das geplante Institut für Physik einstweilen nicht gebaut wurde, gab es für Einstein wohl keinen Grund mehr, weiterhin in einem wenig verkehrsgünstig gelegenen Vorort zu wohnen. So finden wir ihn seit 1915 in Berlin-Wilmersdorf, Wittelsbacherstraße 13. Dort hauste er nach dem Bericht eines Besuchers in einer ziemlich leeren Wohnung wie ein Junggeselle. Im September 1917 zog er dann in die Haberlandstraße 5 zu seiner Kusine Elsa, die ihn während einer Erkrankung aufopfernd gepflegt hatte, und zu ihrem Vater, Rudolf Einstein, der später sein Schwiegervater wurde. Diese Wohnung war die dritte und letzte von Einsteins Berliner Wohnstätten.

FH: Wie hieß die nächstgelegene U-Bahn-Station?
HW: Bayrischer Platz. Wenn die Einsteins irgendwohin fuhren und ihnen kein Auto zur Verfügung stand, sind sie immer dort in die U-Bahn gestiegen oder in den Bus, der ebenfalls auf dem Bayrischen Platz hielt. Das war der einzige größere Platz in der Nähe. Dort gab es Geschäfte, auch Bäckereien und Konditoreien, hier habe ich öfter eingekauft.
FH: War in nächster Nähe der Wohnung eine Parkanlage mit Sitzbänken? Ich frage dies deshalb, weil der sowjetische Physiker und Freund Einsteins, Professor Joffe, in seinem Erinnerungsbuch »Begegnungen mit Physikern« berichtet, daß er einmal – es muß so um 1930 gewesen sein – in der Nähe der Haberlandstraße mit Einstein längere Zeit auf einer Bank gesessen habe, weil Einstein einem Besucher ausweichen wollte, den Frau Elsa entgegen seinem Willen bestellt hatte. Einstein führte seinen Gast dorthin, um das wissenschaftliche Gespräch mit ihm ungestört fortsetzen zu können. Als die »Gefahr« vorbei war, gingen die beiden Physiker wieder in Einsteins Arbeitszimmer hinauf. Dort erörterten sie dann bis zwei

Uhr nachts Probleme der Kristallphysik. Mit diesen Fragen hatte sich Joffe, ein Schüler Röntgens, eingehend befaßt, und Einstein interessierte sich lebhaft für seine Untersuchungen der mechanischen und elektrischen Eigenschaften der Kristalle. Dieser Park mußte also in der Nähe der Wohnung liegen. Erinnern Sie sich an solche Anlagen?

HW: An einen größeren Park in unmittelbarer Nähe kann ich mich nicht entsinnen. Aber es gab mehrere kleine Parkanlagen. In dieser Gegend war damals alles noch ein bißchen aufgelockert.

FH: Eine weitere Frage zur Wohnung. Wie war denn Ihr Zimmer eingerichtet?

HW: Es hatte ein großes Fenster, aber im allgemeinen war es eben doch ein richtiges Dienstmädchenzimmer, wie man damals sagte. Es war ein Bett darin, ein Waschtisch, ein Schrank. Ein Tisch – glaube ich – nicht. So viel Platz war gar nicht, und ich hätte ja auch kaum dran gesessen. Wenn Herr Professor verreist und auch Margot nicht da war, habe ich oft im Gästezimmer schlafen müssen, damit ich von dem Schlafzimmer von Frau Professor nicht so weit weg war. Auch wenn beide Einsteins unterwegs waren und nur Margot in der Wohnung, mußte ich in diesem Zimmer schlafen – damit ich »nicht so weit vom Schuß« war, sozusagen.

FH: Haben Sie in Ihrem Zimmer gehört, wenn das Telefon läutete?

HW: Ja, ja. Das hörte ich gut. Und ich hörte auch, wenn Herr Professor manchmal nachts in der Küche Geige spielte.

FH: Auf diese Art von nächtlicher Ruhestörung kommen wir noch zu sprechen. Zunächst folgendes: Welche Aufgaben hatten Sie bei Einsteins?

HW: Ich war, wie man damals sagte, Stütze der Hausfrau. Ich hatte den Haushalt zu führen und zu kochen. Eine

26

Köchin gab es nicht. Es kam aber jemand zum Abwaschen, wenn eine größere Gesellschaft gegeben wurde, an der oft fünfzehn bis zwanzig Personen teilnahmen.

FH: Sie erinnern sich doch sicherlich noch gut an die Speisenfolge bei solchen Gesellschaften. Es wäre vielleicht interessant, von einem Augenzeugen zu erfahren, was da an leckeren Sachen aufgetischt wurde.

HW: Zuerst fast immer eine klare Brühe mit Eierstich. Dann kam Eiermayonnaise mit Salm, also mit Büchsenlachs, dann gab's Schweinefilet mit Kastanien, also Maronen, und hinterher immer eine Erdbeerspeise mit Schlagsahne, gemischt zu Erdbeerschnee.

FH: Für Erdbeeren hatte Einstein anscheinend eine ganz besondere Vorliebe. Plesch berichtet, bei Besuchen auf seinem Landgut in Gatow habe Einstein Erdbeeren pfundweise gegessen.

HW: Erdbeeren aß Herr Pofessor für sein Leben gern.

FH: Gab es diese Speisenfolge bei solchen großen Gesellschaften immer, oder wechselte man ab im Speiseplan?

HW: Bei größeren Anlässen gab es die Speisenfolge, die ich genannt habe, fast immer. Frau Professor hat die Mayonnaise schon am Nachmittag zurechtgemacht, die Lachsmayonnaise meine ich, und bei der Erdbeerspeise hat sie geholfen. Abends mußte ich dann die Brühe mit dem Eierstich zubereiten, die Kastanien und das Fleisch. Gekocht habe ich gern...

FH: ... und sicher gut, wie ja auch Frau Elsas Zeugnis vom Mai 1933 beweist. Die groben Arbeiten brauchten Sie nicht zu verrichten.

HW: Nein. Dafür kam immer eine Aufwartefrau aus Schöneberg. Sie hat auch unten in der Wohnung die Fenster geputzt. Und wenn größere Gesellschaften waren, half sie beim Anrichten und Servieren und vor allem beim Abwaschen in der Küche. Diese Frau kam aber nicht jeden Tag.

FH: Hat es solche größeren Gesellschaften öfter gegeben?

HW: Vielleicht dreimal im Jahr. Das waren so Pflichtgesellschaften, mit denen die Einsteins Einladungen erwidern mußten. Sonst gab es viele Teenachmittage und Musikabende im kleineren Kreis. Manchmal, bei einem Vortrag in der Wohnung, war der Kreis auch etwas größer. Aber das war dann nur so eine Art Stehempfang. Ich bin rumgegangen und habe Tee gereicht. Es gab da kleine Tischchen, die ineinandergeschoben waren, die konnte man dann auseinanderziehen, so daß genügend Stellfläche war und jeder Gast seine Teetasse absetzen konnte. Teegläser hatten wir nicht.

FH: Spielte sich das alles im Eßzimmer ab?

HW: In den drei großen Räumen, also im Biedermeierzimmer, im Eßzimmer und in der Bibliothek. Diese Räume wurden immer bei solchen Gelegenheiten benutzt.

FH: Sie erzählten mir einmal von Vorträgen, die in der Wohnung gehalten wurden. Wer hat da vorgetragen?

HW: Vor allem Herr Professor selbst, wenn er von einer Reise kam, beispielsweise aus Amerika. Da wurden dann Gäste eingeladen, und Herr Professor erzählte über Pasadena und über andere Städte, die er auf der Reise besucht hatte.

FH: Sie sagten vorhin, daß Sie das nächtliche Geigenspiel Einsteins bis in Ihr Zimmer hörten. Fühlten Sie sich dadurch denn nicht belästigt?

HW: Ach, i wo. Herr Professor spielte ja nur ab und zu nachts Geige, nicht oft.

FH: Warum hat er auch in der Küche gegeigt? Es gab doch genug Zimmer.

HW: In der Küche waren die Wände mit Fliesen gekachelt, und da hat es so schön gehallt. Es waren aber keine Musikstücke, die Herr Professor gespielt hat, sondern mehr eigene Improvisationen. Da hat er dann so dabei nachgedacht.

28

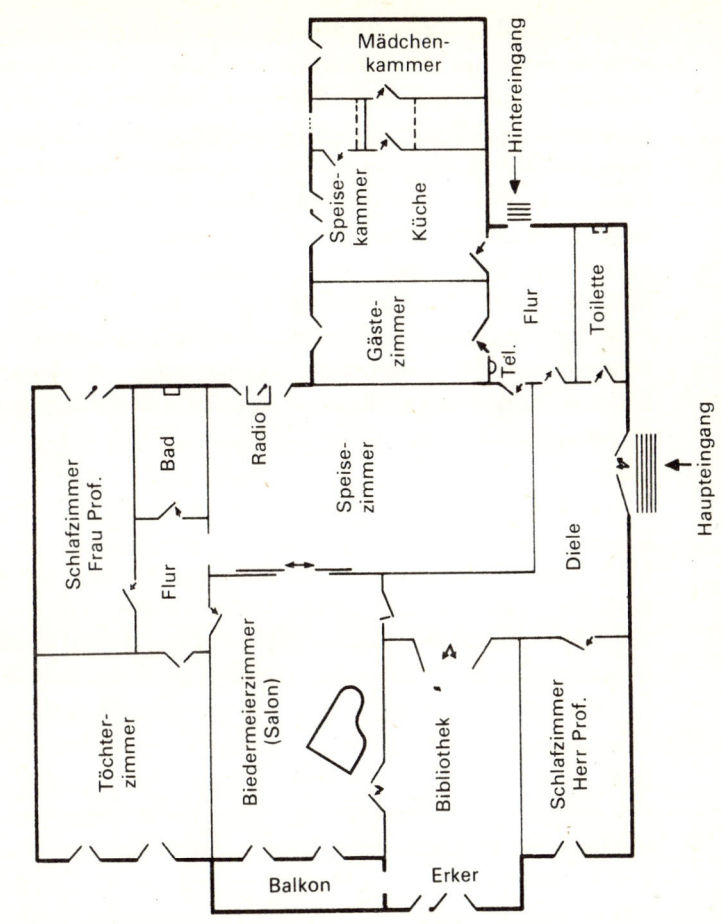

Grundriß der Wohnung in der Haberlandstraße
nach der Erinnerung von Herta W. (Nicht maßstabgerecht)

FH: Ich glaube, das ist treffend beobachtet. Einstein musizierte nicht nur zur Entspannung, als Freizeitbeschäftigung. Die musikalische Selbstbetätigung war bei ihm auch ein Bestandteil der wissenschaftlichen Gedankenarbeit. Vielleicht kann man es so sagen: Wenn es mit seinen Formeln nicht so recht vorangehen wollte, nahm er seine Geige oder setzte sich ans Klavier. Mitten im Spiel brach er manchmal ab und sagte: »So, jetzt hab ich's!« Das hat seine Schwester Maja berichtet, und ich halte diesen Bericht für glaubwürdig. Er erinnert an den griechischen Mathematiker Archimedes, dem die Lösung eines schwierigen Problems in der Badewanne einfiel, aus der er dann heraussprang mit dem Ausruf: »Heureka!« (Ich hab's gefunden!)

HW: Herr Professor hat leidenschaftlich gern Geige und Klavier gespielt.

FH: Außer der Musik hatte er aber anscheinend keine künstlerischen Neigungen. Oder hat er vielleicht gezeichnet und gemalt wie seinerzeit der Biologe Ernst Haeckel oder der Chemiker Wilhelm Ostwald und wie heute viele Ärzte – wie die Ausstellungen »Mit Stethoskop und Palette« zeigen?

HW: Davon habe ich bei Herrn Professor nie was bemerkt.

FH: Es wäre auch denkbar, daß Einstein sich als Amateurfotograf betätigt hätte. Die Kleinbildkamera, die 1925 als »Leica« auf den Markt kam, gab der Fotografie einen starken Auftrieb. Überdies hat Einstein ja viele und große Auslandsreisen gemacht, auf denen es ihm an Motiven bestimmt nicht gefehlt hätte. Haben Sie bei ihm einen Fotoapparat gesehen?

HW: Nein.

FH: Gab es in der Haberlandstraße ein Radio?

HW: Ja. Es stand im Eßzimmer auf dem Fensterbrett, vor dem Fenster, das nach dem Hof rausging. Es war ein ziemlich großer schwarzer oder dunkelbrauner Kasten mit einem Lautsprecher drauf, so wie das in den ersten Jahren des Rundfunks üblich war. Eingebaute Lautsprecher, wie wir sie heute kennen, gab es anfangs ja noch nicht.

FH: Sie wurden erst um 1930 gebräuchlich.

HW: Zum Eßzimmer, wo das Radio stand, möchte ich gleich etwas nachtragen: Neben dem großen Tisch in der Mitte war noch ein kleinerer Tisch da. An dem wurde auch gefrühstückt und Abendbrot gegessen. Das war so der tägliche Eßtisch der Familie.

FH: Wieviel Personen konnten an dem großen Tisch Platz nehmen?

HW: Wenn Tischplatten eingelegt wurden, zwanzig bis vierundzwanzig. Aus der Bodenkammer über der Wohnung haben wir bei Bedarf Platten runtergeholt und in den auseinandergezogenen Tisch eingelegt. Stühle wurden aus anderen Zimmern reingestellt und zusätzlich auch vom Boden.

FH: Gab es ein Grammophon?

HW: Nein, nein, nur ein Radio.

FH: Das ist begreiflich, denn für Einstein war die »Konservenmusik«, wie sie bis zur Einführung des elektrischen Aufnahme- und Wiedergabeverfahrens von den Schallplatten geboten wurde, ein Greuel, wie János Plesch versichert. Einstein war tief musikalisch und hatte ein feines Gehör. Ihn störten bei der mechanisch-akustischen Schallplattentechnik die Nebengeräusche. Erst später, in Princeton, erfreute er sich an Werken klassischer Musik auf Langspielplatten, die ihm Institutskollegen zusammen mit einem elektrischen Plattenspieler geschenkt hatten. Mit der drahtlos ausgestrahlten Musik verhielt es sich in den ersten Jahren des Rundfunks nicht viel besser als mit den alten Schallplatten. Haben die Einsteins überhaupt viel Radio gehört?

HW: Es wurde ziemlich viel gehört, aber Herr Professor war weniger interessiert. Margot und ich, wir sind sehr

gern vor dem Kasten gesessen. Damals wurden oft soge
nannte Denksportaufgaben gesendet. Da haben wir dann
mitgemacht. Margot hat mir manchmal geschmeichelt:
»Hertachen, wie machen Sie das bloß, daß Sie das heraus-
bekommen?«

FH: Wie wurden Sie gerufen? »Hertachen«?

HW: Die Töchter haben mich immer so genannt. Das ist
ja auch noch aus Margots Briefen nach dem Krieg zu
sehen.

FH: Und wie hat Frau Elsa Sie angesprochen?

HW: Herta natürlich. Das war so üblich. Herr Professor
sagte anfangs auch so. Aber nach etwa einem halben Jahr
sagte er zu mir Fräulein Herta. Er meinte, das wäre eine
Anerkennung für mich. Ich erinnere mich noch ganz genau: Da wurde einmal oben in seinem Studierzimmer, im
Turmzimmer also, ein bestimmtes Buch gesucht, und keiner konnte es finden. Ich ging 'rauf und fand es auf An-
hieb. Das war auch kein Wunder, denn ich mußte ja die
Bücher immer abstauben, und da hatte ich mir eben den
Standort dieses Buches gemerkt. Da sagte Herr Professor,
ich wüßte in seinen Büchern besser Bescheid als eine Sekretärin. Daraufhin begann er, mich Fräulein Herta zu
nennen, als Achtungsbeweis, wie er sagte. Bei dieser Anrede blieb er auch. Ich entsinne mich noch gut, wie er einmal in Caputh, als er auf der Terrasse saß und meine Mutter den Weg zum Haus raufkommen sah, zu mir in die Küche rief: »Fräulein Herta, die Mutter kommt!«

FH: Mit Frau Elsa kamen Sie wohl gut aus?

HW: Ach ja.

FH: War sie nicht sehr kleinlich, sehr pingelig?

HW: Das nicht. Aber sie war – wollen wir mal sagen –
sehr genau. Sie hat vor allem sehr gerechnet mit dem
Geld. Aber mir gegenüber eigentlich nicht. Sie war
beispielsweise damit einverstanden, daß ich mir jede
Woche ein Viertelpfund Bohnenkaffee auf ihre Rechnung

kaufte. Reichte das nicht, mußte ich das übrige von meinem Geld bezahlen. Ich trank schon immer gern Bohnenkaffee.

FH: Haben die Einsteins selbst auch Bohnenkaffee getrunken?

HW: Herr Professor trank nach seiner Herzerkrankung im Frühjahr 1928 nur noch den koffeinfreien »Kaffee Hag«. Sonst gab es fast nur Tee, schwarzen Tee. Auch bei Besuchen. Ich möchte fast sagen, es wurde bei solchen Gelegenheiten immer schwarzer Tee gereicht. Nur Margot blieb bei ihrem Kamillentee, weil sie mit der Galle zu tun hatte.

FH: Ich muß doch noch einmal fragen: Hatten Sie mit Frau Elsa nicht manchmal Auseinandersetzungen? Vorhin sind Sie etwas ausgewichen.

HW: So was konnte nicht ausbleiben, das kam schon mal vor. Aber wenn es einen Mißklang gab, haben die beiden Töchter sonstwas getan, um alles wieder in Ordnung zu bringen. Da kam gleich Frau Dr. Kayser und brachte mir dies und das, damit ich ja nicht kündige. Meinungsverschiedenheiten gab es aber nur mit Frau Professor. Herr Professor hat sich um Haushaltsachen überhaupt nicht gekümmert, und bei Streitigkeiten hat er mich immer unterstützt.

FH: Einstein war damals, als Sie ins Haus kamen, schon ziemlich füllig, im Gegensatz zu seinen jüngeren Jahren, ganz zu schweigen von der Studentenzeit in Zürich, wo er sich buchstäblich durchhungern mußte, weil die väterliche Unterstützung gering war. Diese Jahre lagen schon weit zurück. Unter eine Lithographie von Emil Orlik, die ihn wohlbeleibt auf einem Stuhl sitzend und Geige spielend darstellt, schrieb er 1928:

»Die Wissenschaft ist auch was wert.
Kein Geiger ist so wohlgenährt.«

HW: Ja, Herr Professor war wirklich wohlgenährt, das kann man schon sagen. Jedenfalls kenne ich ihn nicht anders. Auch Frau Professor war ziemlich korpulent. Trotzdem aß sie gern die Pralinen, die sie geschenkt bekam. Aber sie hat mir auch immer davon abgegeben.

FH: Eine Frage zu Ihrem Anstellungsverhältnis. Sie nannten sich also »Stütze«.

HW: »Stütze der Hausfrau« sagte man zu meinem Arbeitsverhältnis. Ich war Stütze.

FH: Was für Arten von Hausangestellten gab es damals?

HW: Es gab Köchin, Hausmädchen, Kindermädchen, Mädchen für alles und eben Stütze.

FH: War die Entlohnung sehr unterschiedlich?

HW: Als Stütze wurde man besser bezahlt und brauchte keine groben Arbeiten zu machen. Dafür war jemand anders da. Ein Mädchen für alles dagegen hat alle Arbeiten im Haushalt verrichten müssen.

FH: Welches Gehalt bekamen Sie?

HW: In der Haberlandstraße anfangs fünfundvierzig Mark im Monat, dann sehr bald sechzig Mark. In Caputh erhielt ich zehn Mark mehr, weil ich ja Ausgaben für das Fahrgeld hatte und auch dafür, daß ich dorthin mitgegangen bin.

FH: War das für damalige Verhältnisse eine gute Bezahlung?

HW: O ja. Im Vergleich zu meinen Freundinnen wurde ich gut bezahlt. Für sechzig Mark bekam man ziemlich viel. Ein Kleid aus der Konfektion kostete etwas über zwanzig Mark. Und ich hatte ja Kost und Logis frei. Außerdem bekam ich in Berlin oft ein Handgeld von den Besuchern und den Gästen, besonders wenn sie spätabends gingen und der Portier schon schlief. Dann habe ich sie im Fahrstuhl runtergebracht und ihnen die Haustür aufgeschlossen. Sie haben mir dann meist schon im Fahrstuhl oder an der Tür etwas gegeben, fünfzig Pfennig oder eine Mark. Das war so üblich. Eine Mark war damals viel Geld. Für ein Viertelpfund Bohnenkaffee zahlte man fünfundsechzig Pfennig.

FH: Bei Einstein waren ja oft sehr prominente Leute zu Gast. Ich denke da an Charlie Chaplin, den wir schon nannten. Der steinreiche Filmclown, der Einsteins Sieben-Zimmer-Wohnung als »klein und bescheiden« beschrieb, hat Ihnen sicherlich ein fettes Trinkgeld gegeben.

HW: Ob der mir viel gegeben hat, kann ich heute nicht mehr sagen. Aber ich erinnere mich an einen anderen Amerikaner, Goldmann oder Goldemann, den Namen weiß ich nicht mehr genau. Der war streng koscher. Er aß bei seinen Besuchen nichts, sondern trank nur Tee. Er ist mir auch deshalb so gut in Erinnerung, weil er mir jedesmal zehn Mark in die Hand drückte. In Dollar umgerechnet mochte das nicht viel gewesen sein, aber für mich war es sehr viel Geld.

FH: In Max Borns Buch »Mein Leben« wird ein Deutschamerikaner Henry Goldman genannt, der in New York eine große Privatbank besaß. Er unterstützte in den zwanziger Jahren Borns Institut durch ansehnliche Geldspenden und betätigte sich auch gegenüber anderen deutschen Gelehrten als finanzieller Wohltäter. Born machte ihn mit Einstein bekannt. Er schildert Goldman als einen »ziemlich jüdisch aussehenden, charmanten alten Herrn«, der leider bald erblindete.

HW: Ja, der war es. Er war sehr stark sehbehindert oder schon ganz blind und kam in die Haberlandstraße immer in Begleitung einer Dame, vielleicht seiner Frau.

FH: Wie stand es bei einer Stütze mit der Freizeit?

HW: Einmal in der Woche hatte ich einen freien Nachmittag und alle vierzehn Tage einen freien Sonntag, nach dem Essen. Ich habe oft auch ganze Sonntage frei gehabt, wenn die Einsteins weggegangen waren. Ich bekam dann zwei Mark, damit ich mir etwas zum Kochen kaufen oder

35

in eine Gaststätte essen gehen konnte. Auch wenn die Einsteins längere Zeit verreist waren, habe ich zusätzlich zu meinem Lohn pro Tag zwei Mark Kostgeld gekriegt. Ich hatte ziemlich oft einen freien Sonntag, manchmal auch schon ein freies Wochenende, wenn die Familie irgendwo eingeladen war und über Nacht blieb. Dann mußte ich die Zeit über auch nicht zu Hause sein.

FH: Erhielten Sie eine Weihnachtszulage oder Weihnachtsgeschenke?

HW: Ja, und die Einsteins waren darin sehr großzügig. Sie haben mir immer reiche Weihnachtsgeschenke gemacht. Ich bekam fünfzig Mark zusätzlich oder zwei Kleiderstoffe oder Wäsche, wie ich sie mir für meine Aussteuer wünschte. Sie haben sogar eigens für mich ein Weihnachtsbäumchen ausgeputzt. Das stand im Eßzimmer auf der Anrichte. Und am Heiligabend mußte ich mit ihnen zusammen am Abendbrottisch essen, nicht wie sonst allein in der Küche. Es sollte eben für mich Weihnachten sein. Ich muß gestehen, daß mir das eigentlich gar nicht so angenehm war, weil ich es manchmal eilig hatte wegzukommen. Ich bin dann meist rausgefahren zu meiner Kusine, da waren drei Kinder, und da gab es immer ein schönes Weihnachtsfest.

FH: In einer Biographie habe ich gelesen, daß in Berlin die Hausangestellte täglich mit am gemeinsamen Abendbrottisch saß und daß Einstein sie bediente. Er soll gesagt haben, daß jemand, der den ganzen Tag über Handarbeit verrichtet, ein Anrecht darauf hätte, daß er am Abend bedient wird. Stimmt das?

HW: Das stimmt nicht. Ich habe immer allein in der Küche gegessen, wie das so üblich war, außer am Weihnachtsabend.

FH: Es ist dies also eine jener rührenden Legenden über Einstein, wie wir sie besonders in amerikanischen Einstein-Biographien finden. Doch zurück zum Weihnachts-

36

abend. Die Einsteins haben wohl selbst kein Weihnachtsfest gefeiert?

HW: Nein. Aber mit Margot war ich einmal in der Hedwigskirche zu einer katholischen Messe, zur Mitternachtsmesse. Nur der schönen Musik wegen, nicht wegen kirchlicher Sachen.

FH: Sicherlich wurden auch die traditionellen jüdischen Feste, beispielsweise das Laubhüttenfest, in Einsteins Haus nicht beachtet.

HW: Nein. Überhaupt nicht.

FH: Obwohl Einstein sich zum Judentum bekannte, nahm er diese Dinge nicht ernst. Wie Philipp Frank, den ich schon eingangs nannte, berichtet, wurde Einstein 1921 bei einem Aufenthalt in Prag von einem orthodoxen Juden gefragt, wo denn hier ein koscheres Speiselokal sei. Einstein nannte eine solche Gaststätte, aber der gläubige Jude wollte wissen, ob diese Gaststätte denn auch wirklich streng koscher wäre. Daraufhin habe Einstein drastisch erwidert: »Wirklich streng koscher ißt nur der Ochs. Der frißt nämlich Gras.« Für das Speiseritual der Juden hatte Einstein nur Spott übrig. Schon in seinem Elternhaus hielt man nichts von diesen Bräuchen.

HW: Daß der Haushalt koscher gewesen ist, könnte ich wirklich nicht sagen. Da wurde alles gegessen.

FH: Ich habe vorhin über die gegensätzliche Einschätzung der Wohnung in der Haberlandstraße durch einige Besucher gesprochen. Um nochmals darauf zurückzukommen: Hatten die Einsteins überall Polstersessel, oder gab es da vorwiegend einfache Stühle?

HW: Um den großen Eßtisch standen einfache Stühle. Sonst gab es Sessel, offene Sessel und im Salon ein Sofa und gepolsterte Stühle mit abgerundeten Lehnen, eben im Biedermeierstil. An Polstermöbel kann ich mich sonst nur noch in der Eßnische erinnern. Da war so ein kleines Sofa und dazu offene Sessel.

FH: Hat Einstein am Schreibtisch einen Drehstuhl benutzt?

HW: Herr Professor saß beim Schreiben immer auf einem hochlehnigen Sessel. Oben im Turmzimmer stand vor dem Schreibtisch ebenfalls ein Sessel mit einer hohen Lehne. Unten haben die Einsteins in dem großen Sessel eigentlich nur zum Lesen gesessen. In der Bibliothek stand vor dem Schreibtisch ein einfacher Stuhl.

FH: Erinnern Sie sich an die Uhren in der Wohnung? Gab es da vielleicht eine Standuhr mit klangvollem Stundenschlag oder eine längliche Pendeluhr in verglastem Gehäuse, wie sie damals zu der gutbürgerlichen Wohnkultur gehörte – und wie sie ja heute wieder begehrt ist und teuer bezahlt wird? Zu den schweren Möbeln hätte ein Regulator sicherlich gut gepaßt.

HW: An so eine Uhr kann ich mich nicht erinnern. Im Biedermeierzimmer stand eine Uhr auf einem hohen Sims, der wie ein Kaminsims aussah. Es schien mir eine vergoldete Uhr zu sein, es war aber vielleicht auch nur Bronze.

FH: Wann mußten Sie täglich aufstehen?

HW: So um sieben Uhr. Nicht viel früher. Ich habe dann das Eßzimmer und den Salon ein bißchen gesaugt. Das Frühstück gab es nicht allzu zeitig, bestimmt nicht vor acht oder halb neun. Ich hatte nicht viel Arbeit mit dem Frühstück. Setzeier oder Rühreier mußte ich meistens machen, fast jeden Tag, kann man sagen, auch für Herrn Professor. Margot hat immer ein Rührei gegessen, so ein weiches, ganz leichtes.

FH: Benutzten Sie feuerfestes Geschirr, wie heute unser Jenaer Glas?

HW: Solches Glas hatten wir nicht. Aber es gab feuerfeste Formen, wie aus Porzellan. Aus Glas war nur die Kaffeemaschine. Das war so wie Jenaer Glas. In dieser Maschine hat Herr Professor täglich selbst seinen koffein-

freien Kaffee Hag zubereitet, mit einem Spiritusflämmchen. Es wurde angemacht, und dann ging der Kaffee in
zwei Kugeln hoch. Wie das funktionierte, weiß ich nicht
mehr. Ich sehe nur noch vor mir, wie das Flämmchen an-
gezündet wurde.

FH: Sie sagten vorhin, daß Sie nach dem Aufstehen das
Eßzimmer und den Salon gesaugt hätten. Es gab damals
also schon Staubsauger.

HW: Ja, die gab es schon in den zwanziger Jahren. Sie waren aber noch nicht so handlich wie heute, sondern mit einem großen Beutel außen dran. So waren die ersten Mo-
delle.

FH: Der Tagesablauf begann also um acht oder halb neun
mit dem Frühstück. Wie ging es dann weiter? Fuhr Einstein regelmäßig ins Stadtzentrum, in die Akademie oder
die Universität?

HW: Nicht täglich. Das war bei ihm alles ziemlich unregelmäßig. Einmal ging Herr Professor in ein Institut, einmal arbeitete er oben im Turmzimmer. Das war sehr unterschiedlich.

FH: Man kann also nicht sagen, daß Einstein regelmäßig
nach der Uhr aus dem Haus ging und um eine bestimmte
Zeit zurückkehrte, wie man es einigen anderen Gelehrten
nachsagt, zum Beispiel dem großen Philosophen Imma-
nuel Kant in Königsberg. Kant machte seinen täglichen
Spaziergang mit solcher Regelmäßigkeit, daß die Bürger
ihre Uhren nach ihm stellten. Man wußte genau, um welche Minute Professor Kant diese oder jene Straße pas-
sierte. In einer Zeit, als es noch kein Radio gab, mußte
solch eine lebende »Zeitansage« sehr schätzenswert sein.
Aber dafür hätte sich Einstein wohl nicht geeignet.

HW: Nein, bei ihm war alles ganz unregelmäßig. Manchmal ging Herr Professor schon am Vormittag in sein Studierzimmer 'rauf und arbeitete dort viele Stunden,
manchmal ist er auch den ganzen Vormittag unten in sei-

nem Schlafzimmer geblieben. Er hat bloß gefrühstückt und ist dann wieder reingegangen, um über etwas nachzudenken. Manchmal saß er in der Bibliothek, oder er spielte auch mal ein paar Stunden Geige oder Klavier. Das war eben alles ganz spontan. Einen regelmäßigen Tagesablauf gab es bei ihm nicht.

FH: In einer englischen Einstein-Biographie heißt es, Einstein sei jeden Tag in sein Büro in der Akademie der Wissenschaften gefahren. Inzwischen konnte aus Archivunterlagen festgestellt werden, daß Einstein im Akademiegebäude kein eigenes Zimmer hatte, obwohl er hauptamtliches Mitglied der Akademie war. Er besuchte jedoch regelmäßig die Sitzungen der Akademie und hielt an der Berliner Universität Vorlesungen und Vorträge. Außerdem nahm er an dem Kolloquium teil, das während der Vorlesungszeit jeden Mittwoch Physiker, Geophysiker und Astronomen im Physikalischen Institut am Reichstagufer zu wissenschaftlichem Meinungsstreit vereinte. Dazu mußte er natürlich ins Stadtzentrum fahren, und er mußte da auch pünktlich sein.

HW: An bestimmten Tagen ist Herr Professor reingefahren, das weiß ich genau. Aber eben nicht täglich.

FH: Wie war Einstein gekleidet?

HW: Ganz einfach, einfach und schlicht. Ich habe Ihnen wohl schon mal erzählt, daß ich ihm die Manschetten an den Hemdärmeln abschneiden mußte, damit sie nicht immer rausgeguckt haben. Es gab damals keine Oberhemden ohne Manschetten. Die hatten alle so lange Ärmel, und das hat ihn gestört. Ich mußte ihm die Ärmel kürzen und umnähen. Nur bei besonderen Anlässen trug er Manschetten. Ich weiß noch, wie Herr Professor einmal einen neuen Anzug kriegen sollte. Aber er war nicht zu bewegen, zum Schneider oder in ein Konfektionsgeschäft zu gehen. Da nahm Frau Professor ein altes Jackett, das ihm gut paßte, aus dem Schrank und fuhr damit in ein großes Bekleidungshaus in der Gertraudenstraße. Dort kaufte sie dann einen Anzug von der Stange. Das Jackett nahm sie der Größe wegen mit. Herr Professor war nicht zu bewegen, mitzufahren. Er sagte immer, das ist nicht nötig, der alte Anzug reicht noch aus, ich brauche keinen neuen.

FH: Die Berliner Journalistin und Einsteinbiographin Antonina Vallentin hat also recht, wenn sie in ihrem Buch »Das Drama Albert Einsteins« schreibt: »Was ihm durch langen Gebrauch vertraut ist, ist ihm lieber als ein Stoff, an dessen Berührung er nicht gewöhnt ist. Ein durchlöcherter Schlafrock ist ihm bequemer als der neue, den man ihm geschenkt hat.« Die Verfasserin dieser Biographie, der wir in unseren Gesprächen noch öfter begegnen werden, dürfte Ihnen als Frau Luchaire bekannt sein. Ihr Mann war als Diplomat beim Völkerbund in Genf tätig; er leitete dort eine Kommission, in der Einstein mitwirkte.

HW: An den Namen Luchaire kann ich mich erinnern.

FH: Was hat Einstein im Haus getragen? In seinen späteren Jahren ist er auf Fotos oft im Pullover zu sehen.

HW: So was hat er gern angezogen, vor allem in der letzten Zeit in Caputh, aber auch in der Berliner Stadtwohnung.

FH: Und wenn Freunde erwartet wurden, beispielsweise Fachkollegen wie Max Planck oder Max von Laue?

HW: Dann trug er meist ein Hemd mit Kragen und ein Jackett oder auch eine Strickjacke. Das kam oft vor.

FH: Einen Schlips hat Einstein anscheinend nur sehr ungern umgebunden.

HW: Ja, aber er hatte auch Schlipse und hat sie auch getragen. Sonst ist er lieber mit einer Strickjacke und ohne Krawatte gegangen. Auch wenn er nach oben zum Arbeiten ging, zog er meistens die Strickjacke über. Er mußte ja immer die Treppe raufgehen. Zum Turmzimmer führte kein Fahrstuhl.

FH: Wie war es bei den Einsteins um die Geselligkeit bestellt? Einstein nannte sich selbst bei verschiedenen Gelegenheiten einen »typischen Einspänner«, der wenig Bedürfnis nach Menschen und menschlichen Gemeinschaften hatte. Legte er überhaupt Wert darauf, zu Gesellschaften zu gehen?

HW: Ich habe unlängst in irgendeiner Sendung gehört, daß Professor Einstein gern zu Veranstaltungen gegangen ist und sich gern in der Öffentlichkeit gezeigt hat. Also dazu kann ich nur sagen, daß meistens das Gegenteil der Fall war. Er ist oft nur widerstrebend mitgegangen, wenn Frau Professor etwas arrangiert hatte. Ich habe es nicht erlebt, daß er sich hervortun wollte oder gern Reden hielt. Ich weiß bloß, daß Herr Professor ab und zu in Wohltätigkeitsveranstaltungen Geige spielte. Das weiß ich mit Sicherheit. Aber daß er sich irgendwie gern zur Schau gestellt hätte, das stimmt einfach nicht. Es gab da oft Auseinandersetzungen zwischen ihm und Frau Professor, weil sie schon wieder eine Einladung angenommen hatte. Ich weiß, daß Herr Professor zu solchen Anlässen nicht gern gegangen ist. Er hat da oft richtig geschimpft.

FH: Aber Frau Elsa legte anscheinend großen Wert darauf, daß sich ihr berühmter Gatte recht viel in der Öffentlichkeit zeigte.

HW: Das tat sie, aber sie selbst ging nicht immer mit.

FH: Da wir gerade von Gesellschaften sprechen, eine Frage: Besaß Einstein eigentlich einen Frack? Oder hat er sich dieses Kleidungsstück für besondere festliche Gelegenheiten von einem Bekannten ausgeliehen, der ungefähr seine Größe und seine Statur hatte?

HW: Einen Gehrock, wie er damals als Gesellschaftsanzug üblich war, hatte Herr Professor in seiner Berliner Zeit ganz bestimmt. Das weiß ich. Aber ein Frack ist mir nicht in Erinnerung. Und daß er sich den Frack geliehen hätte – nun, das halte ich nicht für wahrscheinlich.

FH: Die Antonina Vallentin schreibt in ihrer Biographie, Einstein hätte einmal gesagt: »Einen Frack? Aber warum denn einen Frack? Ich habe nie einen gehabt und bin ganz gut ohne ausgekommen.«

HW: Das möchte ich auch annehmen.

FH: Aber einen Smoking muß er gehabt haben. Er ist bei Festlichkeiten auf Fotos mit einem Smoking zu sehen, beispielsweise bei seinem Nobel-Vortrag im Sommer 1923 in Göteborg in Anwesenheit des schwedischen Königs. Wie berichtet wird, ist Einstein damals unangenehm aufgefallen, weil sein Smoking schon ziemlich schäbig war.

HW: Auf festliche Kleidung legte Herr Professor sehr wenig Wert. Aber Frau Professor wollte immer schöne Garderobe haben. Sie konnte jedoch manches nicht mehr so tragen, weil sie die Figur dazu nicht mehr hatte. Der Ersparnis wegen ließ sie vieles von einer Hausschneiderin anfertigen. Die arbeitete dann immer mehrere Tage im Gästezimmer. Aber das hatte eben doch nicht so viel Chic wie bei manchen der Damen, die zu Besuch kamen. So gut konnte das die Hausschneiderin nicht machen.

FH: Ging Frau Elsa denn nie in einen der großen Modesalons, um sich dort ihre Garderobe zu besorgen?

HW: Ach, i wo. Da kam immer nur die viel billigere Hausschneiderin. Sie kam spät im Sommer auch manchmal nach Caputh. Dort arbeitete sie in Margots Zimmer.

FH: Hatte Frau Elsa trotz allem einen reichgefüllten Kleiderschrank?

HW: Frau Professor besaß ziemlich wenig Garderobe. Aber als sie beide im Frühjahr 1931 aus Amerika zurückkehrten, da trug sie wie auch Herr Professor vieles, was ich vorher nie gesehen hatte. Ich nehme stark an, daß das zum Teil Geschenke waren.

FH: Das mag sein. Aber Einstein bekam für seine Lehrtätigkeit an der Kalifornischen Technischen Hochschule in

Pasadena, »Caltech« genannt, sicherlich ein Honorar, von dem man schon einiges anschaffen konnte. Doch nun zu etwas anderem: In manchen Biographien wird berichtet, daß Einstein immer nur wenig Taschengeld bei sich hatte. Ist das nicht wieder übertrieben?

HW: Das ist nicht übertrieben, das stimmt. Ich habe da einmal eine heftige Auseinandersetzung zwischen Herrn Professor und Frau Professor gehört. Da sagte er, wenn er sich schon die Theaterkarten schenken läßt und im Auto abgeholt wird, so möchte er doch wenigstens so viel Geld bei sich haben, daß er die Garderobengebühr für die Toni und für sich bezahlen kann. Der Wortwechsel war so laut und heftig, daß ich es mitanhören mußte. Es war im Eßzimmer oder in der Diele, weil Herr Professor schon im Weggehen war.

FH: Sie sprachen eben von einer Toni. Wer war das?

HW: Frau Toni Mendel, die immer nur Toni genannt wurde, war eine sehr gut aussehende, attraktive Frau, eine feine Frau, möchte ich sagen. Sie war vielleicht ein wenig jünger als Frau Professor. Sie war sehr wohlhabend und brachte für Frau Professor immer Pralinen und anderes mit. Am Wannsee hatte sie ein großes, schönes Haus. Da war auch ich oft, wenn die Einsteins sie dort besuchten. Als sie mich noch gar nicht persönlich kannte, schickte sie mir mit dem Chauffeur, als er Herrn Professor abholte, einen Blumentopf aus ihrem Gewächshaus mit, weil ihr angeblich meine Stimme am Telefon so gut gefallen hatte. Zwischen ihr und Herrn Professor bestand eine enge Freundschaft, die von Frau Professor nach meinem Eindruck nur gezwungenermaßen respektiert wurde. Das war eine jahrelange Freundschaft, mit der ganzen Familie. Über die persönlichen Verhältnisse von Frau Mendel weiß ich leider nichts Näheres. Ich glaube, sie war damals schon verwitwet. Aber das mit dem Taschengeld, das stimmt, das kann ich bestätigen.

FH: Eigentlich ist dies erstaunlich, denn Einsteins Einkommen war nicht gering. Als hauptamtliches Mitglied der Preußischen Akademie der Wissenschaften bezog er ein hohes Gehalt. Dazu kam die Vergütung, die er als Direktor des Instituts für Physik der Kaiser-Wilhelm-Gesellschaft erhielt, obwohl dieses Institut zu seiner Zeit nur auf dem Papier bestand; als es errichtet wurde, war Einstein längst in Princeton. Wie erklären Sie sich also die Knauserigkeit von Frau Elsa?

HW: Ich vermute, daß die Wohnung sehr viel gekostet hat. Es waren ja sieben Zimmer, dazu die Nebenräume und das Arbeitszimmer in der Mansarde. Soviel ich weiß, waren die Wohnungen im Bayrischen Viertel sehr teuer. Aber vielleicht lag die Sparsamkeit auch ein wenig in der Natur von Frau Professor.

FH: Die Biographen, die behaupten, daß Einstein in seiner Berliner Zeit mit jedem Pfennig rechnen mußte, haben also recht.

HW: Ja, Herr Professor hatte sehr wenig Geld zu seiner Verfügung.

FH: Demnach dürfte die Schilderung, die Antonina Vallentin in ihrem Buch aus eigener Anschauung gibt, zutreffend sein. Sie berichtet, daß sie bei einem Besuch in Caputh sah, wie Einstein die Taschen seiner alten weißen Hose nach irgendeinem Zettel durchsuchte. Dabei entfaltete er auch ein Blatt Papier, das ein Gedicht enthielt, das Königin Elisabeth von Belgien ihm gewidmet hatte. In einer Ecke des elfenbeinfarbenen Blattes bemerkte sie einige Worte und Zahlen in der kleinen, regelmäßigen Handschrift Einsteins. Als sie näher hinschaute, las sie zu ihrem Erstaunen: Autobus 50 Pfennige, Zeitung... Papier... Diese Darstellung dürfte also nicht erfunden sein. Denn sonst gibt es in dem Buch der Frau Luchaire manches, was nachweisbar nicht stimmt.

HW: Dieser Bericht wird richtig sein. Herr Professor war

immer knapp bei Kasse. Es wurde bei den Einsteins ja auch sehr schlicht und einfach gelebt. Ich kann mich nicht entsinnen, daß Herr Professor jemals getrunken hat. Es war da auch nicht groß was im Haus. Allerdings schickte Professor Plesch manchmal reichhaltige Präsentkörbe. Da war dann auch ein guter Kognak drin. Aber der wurde von Frau Professor sofort in der Speisekammer in einem eigenen Schrank eingeschlossen, zu dem nur sie den Schlüssel hatte. Darin gab es angeblich einen fünfzig Jahre alten Kognak und vor allem sehr gute Zigarren. Die wurden nur gereicht, wenn was Besonderes war. Bei solchen Gelegenheiten wurde dann auch mal ein Kognak getrunken. So häufig, wie das heute üblich ist, daß man bei jedem Anlaß trinkt, war das damals ohnehin nicht.

FH: Diese Aussage stimmt überein mit Einsteins Antwort auf die Frage eines amerikanischen Reporters, wie er über die Prohibition denke, die es um 1930 in den Vereinigten Staaten ja noch gab, also über das Verbot der Herstellung, der Einfuhr und des Ausschanks alkoholischer Getränke. Nach dem überlieferten Lautdokument sagte Einstein lachend: »Ich trinke nicht, also ist mir das ganz gleich.«

HW: Ja, das trifft zu. An Sekt beispielsweise kann ich mich bei den Einsteins überhaupt nicht entsinnen. Sekt lernte ich erst später kennen.

FH: Plesch macht in seinen Lebenserinnerungen allerdings eine Einschränkung in bezug auf Einsteins Haltung zum Alkohol. Er meint, Einstein sei kein Trinker gewesen, aber auch kein eingefleischter Antialkoholiker. Er habe gern einmal an einem Kognakglas genippt, aber auch nicht mehr. Würden Sie dem zustimmen?

HW: Ja, aber Herr Professor nippte an einem Kognakglas auch nur selten.

FH: War die Atmosphäre, die Sie bei den Einsteins fanden, anders und besser als die vorher bei Geheimrat H.?

HW: Sie war entschieden anders und viel, viel besser. Ich wurde hier auch menschlich mehr geachtet. In der früheren Stellung war ich so richtig die Hausangestellte, und man hat mich reichlich ausgenutzt. Bei den Einsteins war es ganz anders. Zum ersten Jahrestag meines Einzugs in die Haberlandstraße durfte ich mir Gäste einladen. Das war wohl auch deshalb so, weil die Einsteins vorher nicht viel Glück mit ihren Hausangestellten hatten und weil sie mich alle gern mochten. Da durfte ich mir also Besucher einladen. Es kamen mein Bruder und meine Schwägerin aus Berlin und meine Kusine mit ihrem Mann aus Schöneweide. Frau Professor hat uns Wein und Torte spendiert. Herr Professor ging in sein Arbeitszimmer, und Frau Professor zog sich in den Salon zurück. Im Eßzimmer konnten wir dann feiern.

FH: Hat sich diese Jubiläumsfeier, wenn man so sagen will, alljährlich wiederholt?

HW: Nein. Aber ich durfte mir jederzeit Gäste einladen, vor allem später draußen nach Caputh. Dort machten wir es uns oben auf der Sonnenterrasse gemütlich. Von der menschlichen Seite waren die Einsteins ganz groß. Das möchte ich ausdrücklich hervorheben, gerade weil ich vorher das Gegenteil erlebt hatte. Als ich einmal mehrere Wochen im Krankenhaus zubringen mußte, haben sie mir zu Weihnachten nicht fünfzig Mark, sondern hundert Mark gegeben, und ich durfte nach der Entlassung aus der Klinik, solange sie in Amerika waren, bei meinen Eltern in Lautawerk bleiben, um mich zu erholen. Mein Lohn wurde voll weitergezahlt. Nachher haben die Einsteins noch alle zwei Tage eine Aufwartefrau genommen, damit ich mich noch etwas schonen konnte. Sie waren auch immer freundlich zu meinen Angehörigen, die mich besuchten. Als mein jüngerer Bruder zum erstenmal kam und sie nicht wußten, was sie ihm schenken sollten, gaben sie ihm die Büsten von Goethe und Schiller, die ihm so gut gefallen hatten. Die hielt mein Bruder dann hoch in Ehren, und er erzählte jedem, daß sie aus der Wohnung von Professor Einstein stammten.

FH: Wir sprachen schon einmal davon, daß Frau Elsa sehr kurzsichtig war, aber aus Eitelkeit keine Brille tragen wollte.

HW: Frau Professor verlegte oft die Schlüssel, und ich mußte sie suchen. Sie hatte sie irgendwo hingelegt und konnte sie nicht finden. Ihre Kurzsichtigkeit störte sie sehr. Sie wollte aber auf keinen Fall eine Brille aufsetzen.

FH: Die Vallentin macht dazu einige anschauliche Bemerkungen. Elsas Blick, schreibt sie, sei durch ihre außerordentliche Kurzsichtigkeit »äußerst hilflos« gewesen. Ihre Kurzsichtigkeit habe eine »Welt des Schreckens« um sie geschaffen. Mit gesenktem Kopf sei sie Leuten in den Weg getreten, die sie nicht erkannte, sie habe sich an Gegenständen gestoßen und mit einem Lorgnon in ihren Teller geschaut. Es soll sogar vorgekommen sein, daß Frau Elsa in den USA bei einem Bankett anfing, Orchideen auf ihrem Teller zu zerschneiden, weil sie den Tafelschmuck für die Salatbeilage gehalten hatte. Wenn dies vielleicht auch übertrieben oder sogar erfunden sein mag, so kennzeichnet diese Anekdote doch treffend die bedauernswerte Lage, in der sich Frau Einstein befand.

HW: Frau Professor war darüber tief unglücklich.

FH: Da von manchen Einsteinbiographen das Zusammenleben von Albert und Elsa Einstein als ein ungetrübtes Familienidyll geschildert wird, möchte ich Sie fragen: Hat es, abgesehen von dem Gezänk um das Taschengeld, nicht doch auch ernsthafte Auseinandersetzungen gegeben?

HW: Ja, das kam vor, und es ging dabei fast immer um Frauen. Herr Professor hat gern einmal nach schönen Frauen geguckt. Für schöne Frauen hatte er eine Schwäche. Wenn wir auf die Caputher Zeit kommen, kann ich mehr dazu sagen. Aber auf der anderen Seite haben sich schöne Frauen auch gern mit Herrn Professor in der Öffentlichkeit gezeigt. Toni Mendel, die ich vorhin erwähnte, möchte ich auch dazu rechnen.

FH: Stand Einstein zu Ihrer Zeit noch in Beziehung zu seiner ersten Frau, Mileva, von der er Anfang 1919 in der Schweiz geschieden worden war? Er nannte sie seitdem in Briefen an Freunde meist die »Verflossene«.

HW: Sie kam einige Male nach Berlin, aber nach meiner Erinnerung allein, ohne die beiden Söhne. Sie hat auch nicht in der Haberlandstraße gewohnt, sondern kam dorthin nur zu Besuch. Herr Professor saß dann mit ihr in der Bibliothek, und sie haben sich freundschaftlich unterhalten, etwa ein bis zwei Stunden. Auch Frau Professor war dabei.

FH: Kamen Sie mit Frau Mileva in nähere Berührung?

HW: Nein. Ich habe ihr nur die Tür geöffnet, habe ihr wohl auch auf Wiedersehen gesagt oder sie im Fahrstuhl runtergebracht. Mehr Kontakt hatte ich mit ihr nicht.

FH: Welchen Eindruck hatten Sie von ihr?

HW: Sie war ziemlich groß und ziemlich schlank, eine Schönheit aber nicht. Da ist Frau Professor entschieden hübscher gewesen. Frau Mileva war ein anderer, etwas fremdländischer Typ.

FH: Sie stammte aus Serbien, aus dem Banat, aus einer Bauernfamilie. Damit mag dies vielleicht zusammenhängen.

HW: Aha, das wußte ich bisher nicht.

FH: Kamen die beiden Söhne Hans Albert und Eduard immer nur für kurze Zeit zu Besuch, oder hielten sie sich manchmal auch länger bei ihrem Vater auf?

HW: Das war unterschiedlich. Manchmal kamen sie auch auf längere Zeit.

FH: Beide zusammen?

HW: Wenn ich mich recht erinnere, kamen sie nicht

gleichzeitig. Sie haben aber in der Haberlandstraße gewohnt, im Gästezimmer. Mehrere Besuche von Eduard in der Stadtwohnung habe ich gut im Gedächtnis behalten. Ich weiß noch, wie er so furchtbare Musik gemacht hat. Er raste förmlich über die Tasten. Es war einfach entsetzlich, wie er den Flügel bearbeitete. Ganz verrückt. Er wirkte auf mich überspannt. Der ältere Sohn, der immer nur Albert, nicht Hans Albert gerufen wurde, kam auch noch, als er schon verheiratet war, dann aber nur nach Caputh. Im Gegensatz zu seinem nervösen Bruder wirkte er ruhig und gefestigt.

FH: Hans Albert, 1904 in Bern geboren, hatte in Zürich Ingenieurwissenschaften studiert. Er hat dort verhältnismäßig jung, um 1929, eine Schweizerin geheiratet. Im Herbst 1930 bemerkte Einstein in einem Brief, sein ältester Sohn habe ihn – er stand damals im zweiundfünfzigsten Lebensjahr – »sehr respektlos zum Großvater befördert«. Später war Albert einige Jahre in Deutschland tätig, dann ist auch er in die Vereinigten Staaten ausgewandert. Zuletzt bekleidete er in Berkeley in Kalifornien eine Professur für Hydraulik. Dort ist er im Herbst 1973 gestorben. Einsteins Enkel Bernhard ist gleichfalls Ingenieurwissenschaftler.

HW: Das war mir bisher nicht bekannt. Ich weiß aber, daß Herr Professor einen Enkelsohn hatte, und ich erinnere mich auch noch gut an Hans Albert und an seine Frau, die einen einfachen und bescheidenen Eindruck auf mich machte. Sie haben in Caputh im Gästezimmer gewohnt. Es war wohl im Sommer oder Herbst 1932. Ob aber der kleine Bernhard dabei war, könnte ich heute nicht mehr sagen.

FH: Er muß mit in Caputh gewesen sein, denn ein Foto, das offensichtlich auf der unteren Terrasse des Sommerhauses aufgenommen wurde, zeigt Einstein mit Hans Albert und einem etwa zweijährigen flachsblonden Jun-

50

gen. – Aber das war nun schon ein Vorgriff auf die Thematik unserer nächsten Gespräche, in denen wir uns auch über Einsteins Besucher und Gäste unterhalten wollen. Für heute noch eine ergänzende Frage zur Stadtwohnung: Können Sie sich an eines der Bilder erinnern, die im Salon oder in einem der anderen Räume die Wände schmückten?

HW: Im Speisezimmer hing ein großes Bild. Es mag vielleicht ein wertvolles Original gewesen sein. Ich kann aber nicht mehr sagen, was darauf zu sehen war. Früher habe ich mich für Bilder nicht so interessiert. Wenn ich aber jetzt alte Bilder sehe, dann denke ich manchmal daran. Es war unverglast und etwas nachgedunkelt, eben ein richtiges Ölgemälde.

FH: In einer Einstein-Biographie wird ein großes Bild in der Stadtwohnung ziemlich ausführlich beschrieben. Ich verzichte lieber darauf, diese Beschreibung wiederzugeben. Solche Angaben sind oft ungenau oder von A bis Z erfunden. Wir wollen aber keine Legenden über Einstein verbreiten helfen, sondern die Wahrheit.

Zweites Gespräch

Häufige Besucher

und

seltene Gäste

Kein Tiger
Zettel auf dem Nachttisch
Planck, der »Nobelpreis an sich«
Mit Laue Arm in Arm
Nernst und Haber
Der schöne János
Ein ehrfurchtsvoller Japaner
Als Einsiedler in Gatow
Flucht vor den Gratulanten
Das Hauptamt für Klimatologie und Einstein
Der gütige Chefarzt
Die Hauptmanns im Salon
Heinrich oder Thomas Mann
Katia Mann über Einstein
Zigarrenrauchende Schauspielerin
Einsteins »Rechner«
Freikarten für die Sternwarte in Treptow
Charlie Chaplin etwas enttäuschend
Tagore in wallendem Gewand
»Tante Maja« aus Italien
Plüsch und Staubwolken
»Das englische Essen«
Lachen, auch wenn andere weinen
Der unvermeidliche Krieg mit der eigenen Gattin...

FH: Zu unserem vorigen Gespräch möchte ich etwas ergänzen. Sie berichteten von dem kleinen Fernrohr, das in Einsteins Studierzimmer auf einem Stativ neben dem Schreibtisch stand. Da Einstein zur beobachtenden Astronomie kein näheres Verhältnis hatte, ist es unwahrscheinlich, daß er sich für Himmelsbeobachtungen dieses Amateurfernrohr anschaffte. Wenn er solche Beobachtungen machen wollte, konnte er dies mit den großen Teleskopen der Potsdamer Institute viel besser tun. Wahrscheinlicher ist, daß er das kleine Fernrohr von seinem Onkel und Schwiegervater übernommen hatte oder daß es ihm von einem Freund geschenkt worden war. Dabei könnte man an Friedrich Simon Archenhold denken, den Begründer und Leiter der Volkssternwarte in Berlin-Treptow. Archenhold hatte kurz vor dem ersten Weltkrieg ein handliches Schulfernrohr konstruiert und durch eine Münchener Firma in den Handel gebracht. Es ist nicht auszuschließen, daß er Einstein solch ein Fernrohr schenkte. Einstein hielt 1915 im großen Vortragssaal der Sternwarte in Treptow einen populärwissenschaftlichen Vortrag über die Relativitätstheorie, den ersten Vortrag dieser Art seit seiner Übersiedlung nach Berlin. So wäre also ein derartiges Freundschaftsgeschenk gerechtfertigt. Ob es sich tatsächlich so verhielt, läßt sich nicht mehr feststellen. Sicher dürfte jedoch sein, daß sich Einstein dieses Amateurfernrohr nicht gekauft hat. – Doch nun aus dem Reich der Astronomie in die Gefilde der Gastronomie... Sie haben bei den Einsteins alles allein gekocht, oder stand Frau Elsa gelegentlich mit am Herd? Es wäre denkbar, daß sie bestimmte Spezialitäten liebte, die in ihrer schwäbischen Heimat gebräuchlich waren, die Sie als Berlinerin aber nicht kannten.

HW: Nein. Was Frau Professor aber immer selbst übernahm, war das Spargelschälen. In dem Pensionat, wo sie erzogen wurde, ist sie – wie sie mir sagte – die beste Spar gelschälerin gewesen, und deshalb hat sie den Spargel immer selbst geschält, damit er ganz zart war.

FH: Bei ihrer enormen Kurzsichtigkeit – denken Sie nur an die Anekdote mit den Orchideen, die sie auf dem Teller zu zerschneiden begann! – war das eigentlich ein Kunststück. Offensichtlich hat sie da mehr nach dem Gefühl gearbeitet.

HW: Spargel haben wir vor allem später in Caputh sehr viel gegessen. Dort ist ja ein ausgesprochenes Spargelanbaugebiet. Wir haben sehr oft Spargel gekauft, und dann sagte sie immer gleich: »Das Schälen übernehme ich.«

FH: Sie erzählten mir, daß Einstein gern gegessen hat.

HW: Ja, das hat er, mit Lust und Liebe, möchte ich sagen. Es brauchte gar nichts Besonderes zu sein.

FH: War bei Einsteins ein zweites Frühstück üblich, ein Gabelfrühstück also, zwischen dem Morgenkaffee und dem Mittagessen?

HW: Nein. Zum Frühstück gab es ja schon Eier, meist Setzeier. Auch Honig gab es sehr viel. Wir haben ganze Eimerchen gekauft. Wenn im September die Blüte der Heide vorbei war, kam jedesmal ein Imker und brachte uns seinen dunklen Honig. Bienenhonig gab es immer zum Frühstück.

FH: Aßen die Einsteins Schwarzbrot oder Weißbrot oder Brötchen – oder Schrippen, wie man in Berlin sagt?

HW: Brötchen. Die hingen morgens schon hinten an der Tür, in einem Beutel. Diese Waren wurden ins Haus geliefert. Milch stand ebenfalls schon vor der Tür. Damals gab es das alles noch frei Haus.

FH: Welche Getränke waren bei Einsteins üblich? Alkohol trank man so gut wie gar nicht. Gab es irgendein Tafelwasser zu den Mahlzeiten?

HW: Nein. Nur wenn Gäste da waren, in einem größeren Kreis, wurde Wein getrunken oder eine Bowle angesetzt. Es war fast immer eine Selleriebowle.

FH: Erdbeerbowle kenne ich, aber von einer Selleriebowle habe ich noch nichts gehört. Doch ich bin auf diesem Gebiet kein Kenner.

HW: Ja, es war eine Selleriebowle. Ich lernte sie auch erst
bei Einsteins kennen. Sie hat aber sehr gut geschmeckt,
sehr herzhaft. Bei der Zubereitung hat Frau Professor geholfen.

FH: War Obst beliebt?

HW: Obst wurde viel gekauft. Sehr viel Äpfel und Birnen.
Und natürlich Erdbeeren.

FH: Was gab es nachmittags zum Tee: Kuchen, Kekse,
Plätzchen?

HW: Zugegessen wurde zum Tee im allgemeinen nichts.
Auch kein Kuchen. Der wurde nur geholt, wenn Gäste kamen. Wir haben ihn in einer Konditorei am Bayrischen
Platz gekauft. Für den Nachmittagstee wurde auch mal
gebacken. Eine Apfeltorte, wie ich sie noch nicht kannte:
oben mit einem Gitter aus saurer Sahne und Eiern. Also
nicht mit einer Decke, wie wir das hier machen. Das war
wohl eine schwäbische Art. Es wurde auch mal eine
Kirschtorte gebacken, auch mit so einem Gitter drauf. In
der ersten Zeit hat Frau Professor geholfen, damit ich ihre
Geschmacksrichtung kennenlernte. Später habe ich dann
alles allein gemacht.

FH: Haben sich die Töchter an diesen Arbeiten im Haushalt beteiligt, zumindest Margot, die ja zu Ihrer Zeit dort
wohnte?

HW: Nein. Gar nicht.

FH: Sie sagten mir einmal, daß die Einsteins viel Gemüse
und wenig gewürzt aßen.

HW: Ja, besonders seit der Erkrankung von Herrn Professor im Frühjahr 1928. Der behandelnde Arzt, Professor
Plesch, hatte eine salzlose Kost verordnet. Das haben wir
auch streng eingehalten.

FH: Wann wurde zu Abend gegessen?

HW: So zwischen sechs und sieben, jedenfalls nicht sehr spät. Es gab meistens Aufschnitt, Käse und Eier.

FH: Eier aßen die Einsteins anscheinend gern und viel.

HW: Bereits zum Frühstück gab es Eier, wie ich schon sagte. Herr Professor hat immer zwei Spiegeleier gegessen, mindestens zwei.

FH: Sie erzählten mir, daß die Einsteins einen ständigen Eierlieferanten hatten.

HW: Es kam immer ein Jude, der brachte frische Eier. Ach, der war so schmuddelig. Weil er schon alt war, brauchte er nicht den Hinteraufgang für Lieferanten raufzugehen, er wurde vom Portier im Fahrstuhl hochgefahren. Das hatte Frau Professor veranlaßt. Die Einsteins haben die Eier bei ihm gekauft, um ihn zu unterstützen. Woher sie ihn kannten, kann ich nicht sagen. In Berlin kam er regelmäßig, nach Caputh hinaus aber nicht. Dort wurden die Eier im Dorf gekauft.

FH: Da hätten wir also die Speisekarte in Einsteins Haus einigermaßen rekonstruiert, wenn auch vielleicht das eine oder andere übersehen wurde. Das ist nicht weiter schlimm. Wir streben in diesen kleinen Dingen keine Vollständigkeit an. Da aber in manchen Einstein-Biographien dieses Thema ziemlich breit behandelt wird, hielt ich es für angebracht, Sie nach kulinarischen Einzelheiten zu fragen. In einer amerikanischen Biographie wird beispielsweise gesagt, Einstein habe in seiner Berliner Zeit sehr gern Suppe und Wurst gegessen. Wenn Frau Elsa ihn darauf hinwies, daß er dieses Gericht doch erst am Tag zuvor hatte, soll er geantwortet haben: »Macht nichts.« In einer anderen ebenfalls in den USA veröffentlichten Einstein-Biographie heißt es, Einsteins Lieblingsgericht in Berlin sei »Wurst aus Schweinefleisch« gewesen. Damit ist vermutlich die Berliner Bockwurst gemeint.

HW: Das müßte ich wissen. Aber das kann ich nicht bestätigen. Ich kann mich nicht entsinnen, daß Herr Professor mit Vorliebe Bockwurst gegessen hat, doch sehr gern Bohnen, junge grüne Bohnen.

FH: Mit diesem Gericht haben Sie sich ja so vorteilhaft bei ihm eingeführt...

HW: Auch Eier und Pilze liebte er sehr, vor allem Steinpilze und Maronen, die er in Caputh oft von seinen Waldspaziergängen mitbrachte. Wenn es nach ihm gegangen wäre, hätte er wohl dreimal am Tag Pilze gegessen, so gern aß er sie. Er mochte auch Salate, Reis und Spaghetti, auf italienische Art zubereitet. Im allgemeinen war Herr Professor im Essen aber anspruchslos. Schnitzel und Buletten gab es selten. Filet und Steak mußten gut durchgebraten sein, sie durften nicht mehr bluten, sonst aß er sie nicht. Er sagte da immer: »Ich bin kein Tiger.«

FH: Wie war es bei Einstein um das Schläfchen nach Tisch bestellt, um die Mittagsruhe also, wie sie beispielsweise der Physiker Hermann von Helmholtz immer streng eingehalten hat. Er schlief in seinem Dienstzimmer im Physikalischen Institut der Universität am Reichstagufer auf einem Ledersofa. Von seinem Nachfolger wurde dieses Sofa pietätvoll gehütet und unverändert belassen, bis dann schließlich doch ein neuer Bezug unumgänglich war. Hielt auch Einstein regelmäßig so ein Mittagsschläfchen?

HW: Regelmäßig nicht. Herr Professor hat vielleicht manchmal nach dem Mittagessen geruht. Er zog sich dann in sein Schlafzimmer zurück. Aber vielleicht hat er dort auch noch gelesen oder geschrieben. Das kann ich nicht wissen.

FH: Wann ging Einstein abends zu Bett? Es gibt Geistesschaffende, Gelehrte und Schriftsteller, die bis tief in die Nacht am Schreibtisch sitzen und gerade dann ihre stärkste Produktivität erleben. Man nennt sie oft scherzhaft Eulen. Gehörte Einstein zu den Eulen?

HW: Wenn er nicht eingeladen war oder eine Veranstaltung besuchte, hat sich Herr Professor meist gleich nach dem Abendbrot in sein Schlafzimmer zurückgezogen. Er hat aber wohl noch gearbeitet, wahrscheinlich schon im Bett, denn morgens lagen auf seinem Nachttisch oft ganze Stapel von Zetteln. Da hatte er Berechnungen und sonstwas aufgeschrieben. Aber das war sehr unterschiedlich.

FH: Es wird berichtet, daß Einstein keinen Schlafanzug benutzte. Auch der polnische Physiker Leopold Infeld, der in Princeton eine Zeitlang sein Mitarbeiter war, behauptete dies. War das in der Berliner Zeit auch schon so?

HW: In Berlin hat Herr Professor Schlafanzüge und Nachthemden gehabt, und er wird sie auch getragen haben, denn sie mußten immer wieder gewaschen werden. Das habe aber nicht ich gemacht, sondern eine Frau, die zum Wäschewaschen kam. Vieles wurde auch von einem großen Wäschereibetrieb abgeholt und schrankfertig wieder angeliefert.

FH: Gingen die Einsteins abends häufig in Konzerte oder ins Theater?

HW: Ins Theater vielleicht weniger, aber sehr viel in Konzerte. Herr Professor ging sehr gern ins Konzert.

FH: Mit Frau Elsa oder Margot oder mit der Toni?

HW: Mit Margot ging er bis zu ihrer Verheiratung oft in Konzerte. Auch viel mit Frau Mendel. Frau Professor ist nur manchmal mitgegangen.

FH: Was für einen Anzug trug er bei solchen Anlässen?

HW: Einen dunklen. Aber mit dem Anziehen hat es bei ihm immer gehapert. Es gab jedesmal Debatten, wenn er sich groß anziehen sollte. Das hat er gar nicht gern getan.

FH: Da hat Plesch also recht, wenn er über Einstein schreibt: »Es ist ihm ein Greuel, sich für Abendgesellschaften umzuziehen. Er tut es natürlich, weil er als korrekter Mensch allen Verpflichtungen nachkommt, so auch noch dieser. Aber es ist ein Grund, weshalb er große Einladungen meistens zurückweist.«

HW: Das kann ich bestätigen.

FH: Wurde Einstein zu Veranstaltungen mit einem Auto abgeholt, oder benutzte er die öffentlichen Verkehrsmittel?

HW: Er wurde sehr viel mit dem Wagen abgeholt. Chefarzt Professor Katzenstein stellte ihm oft sein Auto mit Fahrer zur Verfügung. Auch Toni Mendel schickte ihm häufig ihren Wagen.

FH: Gingen die Einsteins öfter ins Kino? In einer Biographie wird gesagt, daß Einstein einmal von Caputh eigens nach Potsdam fuhr, um sich einen Film anzusehen. Als Sie in seinen Haushalt kamen, gab es ja bekannte Stummfilme, mit Darstellern wie Charlie Chaplin, Emil Jannings, Paul Wegener und anderen. Damals spielte man auch die berühmten sowjetischen Streifen von Eisenstein und Pudowkin wie »Panzerkreuzer Potemkin«, »Zehn Tage, die die Welt erschütterten«, »Die Mutter« – nach Gorkis Roman –, »Sturm über Asien«, um nur die wichtigsten zu nennen. Um 1930 trat dann der Tonfilm seinen Siegeszug an. Wissen Sie, ob sich die Einsteins gern Filme ansahen?

HW: Daran kann ich mich nicht entsinnen.

FH: Gingen sie manchmal in Kabarett-Vorstellungen, zum Beispiel zu Otto Reutter oder Claire Waldoff oder vielleicht in Caro's Lachbühne? Plesch schreibt, Einstein konnte »bis zum Schreien lachen – über die harmlosesten Dinge«. Da wäre die Lachbühne für ihn doch wohl das richtige gewesen.

HW: Ich selbst bin gern in Caro's Lachbühne gegangen. Sie lag am Weinbergsweg. Aber die Einsteins nicht. Sie sind sehr viel in Konzerte und auch in die Oper und zu Einladungen gegangen. Einladungen hat es förmlich geregnet. Es kamen viel mehr, als sie annehmen konnten.

FH: Ich habe nun einige Fragen zu den Besuchern. Hat der Portier jedesmal telefonisch nach oben gerufen, wenn ein Besucher zu Einstein wollte? Oder wie ging das vor sich?

HW: Der Portier brachte die Besucher im Fahrstuhl nach oben bis an die Wohnungstür. Ich öffnete, nahm ihnen die Garderobe ab und meldete sie an.

FH: Wohin haben Sie die Besucher dann geleitet, in den Salon oder in die Bibliothek?

HW: Meistens in den Salon. Wenn die Besucher aber nur zu Herrn Professor kamen, dann führte ich sie in die Bibliothek. Da hat er sich dann mit ihnen unterhalten.

FH: Nach oben in sein Studierzimmer kamen wohl nur wenige Besucher?

HW: Ganz selten ist jemand mit raufgegangen. Das mußte schon ein näherer Freund oder ein Fachkollege sein, wie beispielsweise Geheimrat Planck oder Professor von Laue.

FH: In dem Protokoll der polizeilichen Vernehmung vom 5. September 1934 gaben Sie an, daß Planck zu den häufigsten Besuchern Einsteins gehörte.

HW: Ja, Geheimrat Planck war sehr bekannt im Haus.

FH: Ich hatte das Glück, den berühmten Physiker und Nobelpreisträger, der um die Jahrhundertwende die Quantentheorie begründete, noch als Vortragenden zu erleben. Es war ein starker, unvergeßlicher Eindruck, auch wenn Planck etwas förmlich und »akademisch« wirkte, gleichsam als der »Nobelpreis an sich«, wie ein humorvoller deutsch-amerikanischer Physiker-Kollege ihn trefflich charakterisierte. Sicherlich haben Sie diesen schlicht und bescheiden auftretenden Gelehrten noch in Erinnerung.

HW: Ich würde Geheimrat Planck sofort wiedererkennen. Er war oft da, und es gab ja auch viele Fotos von ihm in den Zeitungen und den Illustrierten. Auch nach dem Krieg habe ich öfter Bilder von ihm gesehen.

FH: Plancks Schüler Max von Laue, ebenfalls Nobelpreisträger für Physik, war oft zu Gast in der Haberlandstraße, und er hat Einstein auch mehrmals in Caputh besucht, wie er mir selbst sagte. Laue zählte zu den engsten Freunden Einsteins in Deutschland. Ein ehemaliger Student der Berliner Universität schilderte mir, wie er um die Mitte der zwanziger Jahre Einstein und Laue im Vorgarten des Universitätsgebäudes Unter den Linden Arm in Arm umhergehen sah. Einstein schätzte den Entdecker der Röntgenstrahl-Interferenzen nicht nur als hervorragenden Mathematiker und theoretischen Physiker, sondern auch als einen charaktervollen Menschen mit einem stark ausgeprägten Rechtsgefühl. In der Nazizeit gehörte Laue für Einstein zu den wenigen Deutschen, mit denen er sich noch verbunden fühlte. Sie können sich gewiß an Professor von Laue erinnern.

HW: Sein Name ist mir ganz geläufig, und ich weiß auch noch gut, wie er aussah, aber Näheres könnte ich heute über ihn nicht mehr sagen.

FH: Um so besser werden Sie sicherlich den Arzt Professor Plesch im Gedächtnis behalten haben. Wir erwähnten ihn schon mehrmals.

HW: Ihn habe ich erst bewußt kennengelernt, als Herr Professor im Frühjahr 1928 an einer Herzmuskelschwäche erkrankt war und im Bett lag. Der eigentliche Hausarzt war Sanitätsrat Dr. Juliusburger. Dann wurde auch der Internist Professor Ehrmann zu Rate gezogen. Und schließlich kam Professor Plesch. Es könnte sein, daß Professor Ehrmann ihn hinzugezogen hat.

FH: Es kann ebensogut sein, daß Plesch sich selbst erbötig machte, Einstein zu behandeln, den er schon seit längerer Zeit kannte.

János Plesch, in Budapest geboren und etwa gleichaltrig mit Einstein, war damals außerordentlicher Professor für Innere Medizin an der Berliner Universität. Er arbeitete in der II. Medizinischen Klinik unter dem Internisten Fried-

62

*Mit Frau Elsa
und Stieftochter Margot
im Salon (1929)*

Ein Titelblatt der Zeitschrift
»Das Neue Rußland«

Erholungsaufenthalt am Meer
(Sommer 1928)

ALBERT EINSTEIN

BERLIN W. den 22.März 1929
HABERLANDSTR. 5

An Familie Schiefelbein
in Lauterwerk/Lausitz

Den **Elt**ern und Geschwistern unserer strammen

Hertha dankt bestens für die liebenswürdige Gratulation

A. Einstein.

An Hertas Angehörige

Mit Margot und Dimitri Marianoff
in Berlin (1930)

Jeder zeigt sich mir heute
Von der allerbesten Seite
Und von nah und fern die Lieben
Haben rührend mir geschrieben
Und mit allem mich beschenkt
Was sich so ein Schlemmer denkt –
Was für den bejahrten Mann
Noch in Frage kommen kann
Alles naht mit süssen Tönen
Um den Tag mir zu verschönen,
Selbst die Schnorrer ohne Zahl
Widmen mir ihr Madrigal.
Drum gehoben fühl' ich mich
Wie der stolze Adlerich.
Nun der Tag sich naht dem End'
Mach ich euch mein Kompliment
Alles habt ihr gut gemacht
Und die liebe Sonne lacht.

A. Einstein
peccavit 14 III 29.

Dank für die Glückwünsche
zum 50. Geburtstag

rich Kraus, der von Einstein gelegentlich in der Charité aufgesucht und konsultiert wurde, wie Theodor Brugsch in seinem Erinnerungsbuch »Arzt seit fünf Jahrzehnten« berichtet. Außerdem betrieb Plesch eine einträgliche Privatpraxis.

HW: Professor Plesch war seit 1928 ein häufiger Gast in der Haberlandstraße. Er brachte fast immer einen großen Präsentkorb mit, einmal auch ein Huhn. Das mußte ich gleich kochen, damit der Patient eine frische Hühnerbrühe bekam. Vor der Erkrankung von Herrn Professor im Frühjahr 1928 hatte ich nie etwas von Plesch gehört. Erst während der Krankheit ist er gekommen. Er stellte später auch oft sein Auto für die Fahrt nach Caputh zur Verfügung.

FH: Besser gesagt: eines seiner Autos, denn Plesch besaß mehrere. Das geht aus dem Bericht über seine Emigration hervor, die ihn im Frühjahr 1933 zunächst in die Schweiz führte. Später lebte er in England.

HW: Das wußte ich bisher nicht.

FH: Nach überlieferten Fotos war Plesch hochelegant und modisch gekleidet.

HW: Das war er, und er war ein ausgesprochen schöner Mann, wie man so sagt. Er riet mir einmal, ich sollte doch alles aufschreiben, was ich bei Einsteins erlebe und beobachte, damit könnte ich später viel Geld machen. Das hat er wörtlich so zu mir gesagt. Das ist mir sehr genau in Erinnerung.

FH: Leider haben Sie seinen guten Rat nicht befolgt. Das würde uns heute manches erleichtern. Wenn Sie ein Tagebuch geführt hätten mit dem Vermerk all der Persönlichkeiten, die Einstein besuchten, wäre das eine wahre Fundgrube für die dokumentarische Erkundung von Einsteins Leben in seinen letzten Berliner Jahren.

HW: Ja, ich bedaure auch, daß ich mir damals keine Aufzeichnungen gemacht habe. Als Herr Professor krank lag, kam ein Japaner, der hat sich kaum reingetraut. Er machte viele, viele Verbeugungen, als er Herrn Professor im Schlafzimmer an seinem Krankenbett besuchte. Er war ganz ehrfurchtsvoll. Aber wer das war, weiß ich heute nicht mehr. Es wäre vielleicht ganz interessant, es zu wissen.

FH: In diesem Zusammenhang eine Frage zu Einsteins fünfzigstem Geburtstag am 14. März 1929. Es ist aus den Biographien bekannt, daß Einstein diesen Tag nicht in Berlin verbrachte, um dem Ansturm von Gratulanten zu entrinnen. Wie es hieß, hielt er sich auf einem Landgut in Gatow auf, das einem Freund gehörte. Frank bezeichnet diesen Freund als »Schuhwichsfabrikanten«. Das muß ein Mißverständnis sein. Das Landgut in Gatow, wo Einstein 1928 und 1929, bevor er in Caputh sein eigenes Sommerhaus hatte, wiederholt Zuflucht suchte, um ungestört arbeiten zu können, gehörte Plesch.

HW: Wo Herr Professor seinen fünfzigsten Geburtstag verbrachte, kann ich nicht mit Sicherheit sagen. Ich weiß nur, er war nicht in der Wohnung.

FH: Zu Beginn des Jahres 1929 schrieb Einstein aus Gatow an seinen Freund und ehemaligen Kollegen am Patentamt in Bern, Ingenieur Michele Besso, er wohne nun von Zeit zu Zeit auf einem ländlichen Gut ganz allein und koche sich selber »wie die alten Eremiten«. Dabei merke er zu seiner Verwunderung, wie schön lang der Tag sei und »wie überflüssig ein großer Teil des geschäftigen und müßiggängerischen Treibens, worin man die übrige Zeit eingespannt ist«. Diese Briefstelle vom 5. Januar 1929 legt die Vermutung nahe, daß sich Einstein auch um Mitte März 1929 in Gatow aufgehalten hat. Waren Sie einmal auf diesem Gut, vielleicht um dem »Eremiten« etwas zu bringen?

HW: Nein, ich bin nie dort gewesen. Aber an den fünf-

Albert Einstein
um 1930

Einstein als Geiger
(Zeichnung von Leonid Pasternak)

zigsten Geburtstag von Herrn Professor erinnere ich mich sehr gut. Fräulein Dukas und ich waren in der Haberlandstraße und haben die Geburtstagspost in Empfang genommen. Es kamen viele Briefe und Telegramme, auch Blumen gab es in Hülle und Fülle. Das ganze Gästezimmer war damit voll, weil in den anderen Räumen nicht mehr genug Platz war für die vielen Geschenke.

FH: Sie haben mir schon vor Jahren das Glückwunsch-Dank-Gedicht gezeigt, das Einstein am 14. März 1929 niederschrieb und das er dann in einer Nachbildung seiner Handschrift an die Gratulanten verschickte. Die Schlußzeilen lauten:

> »Nun der Tag sich naht dem End'
> Mach ich Euch mein Kompliment
> Alles habt ihr gut gemacht
> Und die liebe Sonne lacht.«

Hier könnte man fragen, ob zu dem Zeitpunkt, als Einstein dies »dichtete«, in Gatow wirklich die liebe Sonne lachte, oder ob er die letzte Zeile nur des Reimes wegen schrieb. Astronomen und Physiker haben Aussagen Einsteins geprüft und — meistens — bestätigt. Warum nicht auch die Meteorologen? Ich erkundigte mich beim Hauptamt für Klimatologie in Potsdam nach dem Wetter, das am 14. März 1929 im Potsdamer Raum registriert wurde. Die Antwort: »Es war bis Mittag neblig, danach wurde es dunstig, und die Sonne schien von ca. 14.45 bis 17.00 Uhr.« Da Einstein seinen Dank gegen Abend zu Papier brachte, hat er mit dem Satz von der lachenden Sonne die reine Wahrheit gesagt – im Unterschied zu manchen seiner Biographen ... Nach diesem Spaß zurück zu Einsteins Gästen in der Haberlandstraße.

HW: Unter den Medizinern, die Herrn Professor oft besuchten, möchte ich an erster Stelle Professor Katzenstein nennen. Obwohl er nicht der eigentliche Hausarzt war, gehörte er sozusagen mit zur Familie. Zwischen ihm und Herrn Professor bestand eine sehr enge Freundschaft.

Moritz Katzenstein (1872–1932) war außerordentlicher Professor für Chirurgie an der Berliner Universität (Charité). Im Hauptberuf wirkte er als Chefarzt am Krankenhaus Friedrichshain. Seit Anfang der zwanziger Jahre war er mit Einstein befreundet. Einstein bekannte selbst, daß ihm in seiner Berliner Zeit nur wenige Männer freundschaftlich so nahestanden. In dem schönen Nachruf, den er dem verdienstvollen Arzt und Forscher widmete, heißt es: »Beide empfanden wir es, daß diese Freundschaft nicht nur dadurch beseligend war, daß einer den andern verstand, von ihm bereichert wurde und in ihm die jedem wirklich Lebenden so unentbehrliche Resonanz fand; diese Freundschaft trug auch dazu bei, uns beide gegen das Erleben von außen unabhängiger zu machen...« Einstein bewunderte an Katzenstein vor allem das hochentwickelte Verantwortungsbewußtsein und das ausgeprägte ärztliche Pflichtgefühl. Er schrieb dazu: »Wenn er – was stets der Fall war – am Morgen einige gefährliche Operationen ausgeführt hatte, erkundigte er sich durch telefonischen Anruf, unmittelbar bevor wir aufs Schiff gingen, noch nach dem Befinden einiger Patienten, die ihm Sorge machten; ich merkte, wie nahe ihm die Schicksale gingen, die ihm anvertraut waren.« Von Katzensteins medizinischen Forschungen interessierten ihn besonders die Tierexperimente und die Untersuchung des Gewebewachstums in Nährflüssigkeit. Einsteins Nachruf schließt mit den Worten: »Ich aber bin dem Schicksal dankbar, daß ich diesen gütigen, unermüdlichen Mann von hoher schöpferischer Begabung zum Freund hatte.«

HW: Nach meinem Eindruck war Professor Katzenstein wirklich ein sehr naher Freund von Herrn Professor, weit mehr als Professor Plesch. Da wir von den Ärzten sprechen, möchte ich noch Professor Bucky nennen. Er kam ebenfalls erst in den letzten Jahren, als Frau Dr. Kayser sehr krank war. Da wurde er hinzugezogen. Soviel ich weiß, war er ein Spezialist für die Behandlung mit Röntgenstrahlen.

Gustav Bucky begründete die Grenzstrahlen-Therapie, das heißt den therapeutischen Einsatz von weichen, also langwelligen Röntgenstrahlen. Die Röntgenapparatur hat er durch die Einführung der nach ihm benannten Wabenblende entscheidend verbessert. Er war an mehreren Berliner Krankenhäusern als leitender Röntgenologe tätig. Später, nach seiner Emigration, wurde er der Hausarzt Einsteins, obwohl er in New York, also fast hundert Kilometer von Princeton entfernt, seinen Wohnsitz und seine Praxis hatte. In seinen Erinnerungen an Einstein schrieb Bucky von der »magischen Kraft«, die von Einsteins Persönlichkeit ausging und auf alle Menschen wirkte, die ihm begegneten. Bucky rühmte auch den Mut, mit dem Einstein sich für Unterdrückte einsetzte, in der Öffentlichkeit und auch privat.

FH: Ich habe mir noch einige Naturwissenschaftler vorgemerkt, die als mögliche Besucher Einsteins in Frage kommen. Zunächst: Walther Nernst. Er war physikalischer Chemiker und Träger des Nobelpreises für Chemie. Gemeinsam mit Max Planck hatte er im Frühjahr 1913 Einstein in Zürich aufgesucht, um ihn für Berlin zu gewinnen. Unterstützt von den Physikern Heinrich Rubens und Emil Warburg, hatten Nernst und Planck dann Einsteins Berufung an die Preußische Akademie der Wissenschaften durchgesetzt. Nernst sorgte durch seine guten Beziehungen zu einem stiftungsfreudigen Bankier dafür, daß die Akademie dem Züricher Professor ein verlockendes

Gehalt anbieten konnte. Er bezeichnete es selbst als eine seiner größten Leistungen, daß es ihm gelungen war, Einstein nach Berlin zu holen.

HW: Der Name Nernst ist mir nicht geläufig. Zum engeren Freundeskreis von Herrn Professor dürfte dieser Wissenschaftler nicht gehört haben, sonst wäre er mir in Erinnerung.

FH: Aber Fritz Haber, ebenfalls Chemiker und Nobelpreisträger, dürfte Ihnen als Besucher Einsteins in Erinnerung geblieben sein. Durch seine Ammoniaksynthese hatte er sich große wissenschaftliche Verdienste erworben, er hatte im ersten Weltkrieg aber auch die chemischen Kampfstoffe erfunden und ihren Einsatz an den Fronten erprobt. Hörten Sie diesen Namen?

HW: An den Namen erinnere ich mich wohl, aber daß Professor Haber öfter zu Besuch kam, das könnte ich nicht mit Sicherheit sagen.

FH: Sie hätten halt doch den Rat des schönen János befolgen und ein Tagebuch führen sollen, mit einer Art Anwesenheitsliste. Das wäre jetzt für Sie eine starke Gedächtnisstütze.

HW: Falls ich dieses Buch noch hätte! Ich hebe mir schriftliche Sachen, auch Briefe, nur ungern auf.

FH: Doch nun zu den Kunstschaffenden unter Einsteins Besuchern. Sie sagten mir, daß Heinrich Mann in der Haberlandstraße war.

HW: Ich bilde mir ein, daß es eher Thomas Mann gewesen ist. Aber auch Heinrich Mann käme als Besucher in Frage, denn er wohnte ja ganz in der Nähe. Das entnahm ich einem Buch über Heinrich und Nelly **Mann**, das ich kürzlich gelesen habe.

FH: In dem Buch »Abschied von Europa« findet sich auch ein wahrhaft vernichtendes Urteil über Einsteins Geigenspiel, das aber nicht von Heinrich Mann stammt. Es heißt da: »Einstein geigte zum Gotterbarmen.«

68

HW: Darüber habe ich sehr gelacht.

FH: Über Einsteins Geigenspiel und seine unterschiedliche Bewertung durch die Zeitgenossen werden wir uns später ausführlicher unterhalten. Zunächst noch etwas über seine Beziehungen zu Thomas Mann. In Deutschland gab es anscheinend keine engere Verbindung zwischen den beiden Nobelpreisträgern, von zufälligen Begegnungen abgesehen. Katia Mann erwähnt in ihren Erinnerungen Einstein nur flüchtig als Nachbarn in Princeton, also in der Emigration. Er habe »so große Glupschaugen« gehabt, meint sie, sei sehr sympathisch, aber nicht besonders anregend gewesen und im gewöhnlichen Leben kein sehr eindrucksvoller Mensch. – Was sagen Sie dazu?

HW: Das würde ich nicht unterschreiben. Für meine Begriffe war Herr Professor im gewöhnlichen Leben sehr eindrucksvoll. Und andere haben das ja auch gesagt!

FH: Mit einer großbürgerlichen Repräsentationsfigur freilich wie Thomas Mann konnte sich Einstein in seinem Auftreten sicherlich nicht messen, und er hätte darauf wohl auch keinen Wert gelegt. Übrigens wohnte Thomas Mann mit seiner Familie vor seiner Emigration ja nicht in Berlin, sondern in München, und so ist es wenig wahrscheinlich, daß beide in Deutschland nähere Beziehungen zueinander hatten. Dies schließt einen gelegentlichen Besuch des berühmten Romanciers in der Haberlandstraße natürlich nicht aus.

HW: Ich glaube fest, daß Thomas Mann zu den Besuchern gehörte.

FH: Zu einem anderen nobelpreisgekrönten Dichter hatte Einstein nachweislich sehr enge Beziehungen. Sie gaben ja auch bei der Kriminalpolizei zu Protokoll, daß Gerhart Hauptmann ein häufiger Gast in der Haberlandstraße war. Wie aus der Literatur hervorgeht, kannte Einstein den Dichter der »Weber« von gemeinsamen Sommeraufenthalten auf Hiddensee.

HW: Gerhart Hauptmann kam oft mit seiner zweiten Frau, Margarete, und seinem Sohn Benvenuto zu Besuch. Daran kann ich mich sehr gut erinnern.

FH: Wo spielte sich die Unterhaltung mit Hauptmann und seiner Begleitung ab?

HW: Meist im Salon. Aber die Hauptmanns saßen oft auch mit um den kleinen Tisch im Eßzimmer. Das sehe ich noch deutlich vor mir.

FH: Sie sagten mir schon vor Jahren, daß die Schauspielerin Hedwig Wangel öfter in der Haberlandstraße zu Gast war und immer Zigarren geraucht habe.

HW: Sie war die einzige Frau, die ich Zigarren rauchen sah. Deshalb erinnere ich mich wohl noch so lebhaft an sie.

FH: Hedwig Wangel war dadurch sehr bekannt geworden, daß sie ihre erfolgreiche Bühnentätigkeit bei Reinhardt unterbrach, um sich der sozialen Fürsorge zu widmen, eine Zeitlang in den Reihen der Heilsarmee. Dann kehrte sie wieder zum Theater zurück. Als sie Ende der zwanziger Jahre zu Besuch kam, war sie schon wieder als Charakterdarstellerin auf der Bühne tätig. Zu ihren Glanzrollen gehörten – so las ich – die Amme in Shakespeares »Romeo und Julia« und die Marthe Schwertlein in Goethes »Faust«.

HW: Auf der Bühne habe ich Hedwig Wangel leider nie gesehen.

FH: In dem Protokoll vom 5. September 1934 nannten Sie neben Max Planck und Gerhart Hauptmann den Generalmusikdirektor Erich Kleiber als einen der Besucher Einsteins.

HW: Er war ein häufiger Gast.

FH: Hat Kleiber gemeinsam mit Einstein musiziert?

HW: Daran kann ich mich nicht erinnern. Es ist aber nicht ausgeschlossen. Ich war ja nicht immer im Haus.

FH: Es gibt ein Foto, auf dem Einstein mit dem Pianisten

Boris Schwarz und dessen Sohn im Biedermeierzimmer vor dem Flügel abgebildet ist. Darunter schrieb Einstein als Widmung:

> »Dem Vater und dem Sohne.
> Das Spielen war nicht ohne.«

HW: Der Name Boris Schwarz ist mir kein Begriff.

FH: Das muß wohl vor Ihrer Zeit gewesen sein.

HW: Aus dem Freundeskreis der Einsteins möchte ich noch Frau Katzenellenbogen anführen, Estella Katzenellenbogen. Der Name fiel mir gestern wieder ein, und ich habe ihn mir gleich für unser Gespräch vorgemerkt. Sie kam oft zu Besuch. Soviel ich weiß, besaß sie mehrere große Blumengeschäfte. Sie stellte Herrn Professor zur Fahrt in Konzerte oder ins Theater und später nach Caputh auch öfter ihr Auto zur Verfügung. Es war eine schöne Limousine, viel vornehmer als beispielsweise der Wagen von Professor Katzenstein. Durch ihre Geschäfte war sie offenbar sehr wohlhabend.

FH: Es fällt auf, daß es unter den Berliner Freunden und Bekannten Einsteins viele sehr reiche Leute gab: Frau Toni Mendel mit ihrer Luxusvilla am Wannsee, Professor Plesch mit seiner lukrativen Privatpraxis in seinem prunkvollen Haus in der Budapester Straße, und nun noch Frau Katzenellenbogen mit ihren einträglichen Blumengeschäften. Und sie alle hatten chromblitzende Limousinen mit Privatchauffeur. Es gab aber auch einige Besucher Einsteins, die mit den öffentlichen Verkehrsmitteln kamen, wie beispielsweise Planck oder der Astronom Archenhold, den ich schon zu Beginn dieses Gesprächs nannte. Erinnern Sie sich an ihn?

HW: Dr. Archenhold war sehr oft anwesend. Ich möchte auch ihn zum engeren Freundeskreis von Herrn Professor rechnen. Er schenkte mir öfter Freikarten für Vorträge in der Sternwarte. In seinem Auftreten war Dr. Archenhold sehr bescheiden, in seinem Äußeren nicht besonders elegant.

FH: Kamen eigentlich auch orthodoxe Juden zu Einstein zu Besuch, mit Peies und Kaftan, also mit Schläfenlocken und orientalischem Obergewand, wie dies bei gläubigen Juden gebräuchlich ist?

HW: Das kam gelegentlich vor. Aber nicht oft. Sie haben meist nur Tee getrunken und höchstens etwas Gebäck gegessen, vielleicht ein Stückchen Kuchen. Meistens haben sie aber gar nichts gegessen, weil es eben kein koscherer Haushalt war.

FH: Sie nannten mir von Wissenschaftlern auch noch Dr. Walter Mayer, der damals Einsteins Assistent war.

HW: Den kannte ich gut. Aber er war noch nicht da, als ich in den Haushalt eintrat, sondern kam erst etwas später, vielleicht 1928 oder 1929.

FH: Wann arbeitete er mit Einstein?

HW: Nach meiner Erinnerung kam er ziemlich regelmäßig, er ging meistens gleich rauf in das Arbeitszimmer von Herrn Professor, in das Turmzimmer. Wie ich hörte, ist er 1933 mit nach Amerika ausgewandert. Er machte auf mich einen sehr sympathischen Eindruck.

FH: In einer Einstein-Biographie heißt es, daß er in der Familie Einstein »Mayerle« genannt wurde.

HW: An so eine Anrede kann ich mich nicht entsinnen.

FH: Dr. Mayer stammte aus Österreich. Vor ihm war ein junger ungarischer Mathematiker Einsteins Mitarbeiter: Dr. Cornelius Lanczos. Ich habe ihn 1965 beim Einstein-Symposium unserer Akademie der Wissenschaften als weißhaarigen Gelehrten und Professor an einem Forschungsinstitut in Dublin kennengelernt und mich in den Pausen mit ihm sehr angeregt über Einstein unterhalten. Er ist inzwischen verstorben.

HW: Dieser Name ist mir nicht geläufig.

FH: Das mag sein, denn bald nach Ihrem Eintritt in Einsteins Haushalt kam ja Dr. Mayer, der dann bis zuletzt Einsteins »Rechner« blieb. Einstein mußte immer einen mathematischen Mitarbeiter haben, da er – wie er selbst zugab – »kein Rechner« war. In seiner Berliner Zeit hatte er insgesamt drei solcher »Rechner«, zuletzt eben Dr. Mayer. Aber nun zu einem seltenen Gast, der nichts mit Mathematik zu tun hatte und davon wohl auch nichts verstand, an den Sie sich aber ganz bestimmt gut erinnern werden: Charlie Chaplin. Er war einer der berühmtesten Filmschauspieler jener Zeit und hat Einstein um 1931 besucht. In seinen Lebenserinnerungen, die ich schon erwähnte, berichtete er darüber.

HW: Ja, der war da. Das weiß ich. Er war aber nur in der Haberlandstraße, nicht in Caputh.

FH: Welchen Eindruck hat er auf Sie gemacht?

HW: Er hat mich in seinem Aussehen eigentlich etwas enttäuscht. Nach seinen Filmen hatte ich ihn mir anders vorgestellt. Er war klein und zierlich. Sein Besuch wurde uns vorher angekündigt.

FH: Gab es auch Besucher, die nicht angekündigt waren?

HW: Ja, manche kamen ganz unangemeldet. Das waren dann nähere Freunde von Herrn Professor, die nicht weiter bewirtet wurden. Aber die meisten Besucher meldeten sich an. Wenn angerufen wurde, mußte ich das Gespräch umlegen oder fragen, ob der Besuchstermin recht sei.

FH: An einen anderen ausländischen Besucher werden Sie sich ebenfalls noch gut erinnern: an den indischen Dichter-Philosophen und Träger des Nobelpreises für Literatur Rabindranath Tagore.

HW: An den erinnere ich mich sehr gut. Er war aber nur draußen in Caputh, nicht in der Haberlandstraße. In Caputh war dieser Besuch natürlich ein Ereignis, schon deswegen, weil Tagore ganz anders, eben auf indische Art gekleidet ging. Er war eine große, schlanke, auffallende Erscheinung.

FH: Kamen gelegentlich auch Studenten zu Einstein in die Wohnung oder nach Caputh zur Konsultation? Er hielt ja an der Universität Vorlesungen, aber es stand ihm da kein eigenes Sprechzimmer zur Verfügung.

HW: Das war bestimmt nicht der Fall. Das hätte ich merken müssen.

FH: Welche Besucher haben Sie sonst noch im Gedächtnis behalten? Sie sagten schon, daß Frau Mileva, Einsteins erste Frau, aus der Schweiz manchmal nach Berlin kam.

HW: Ja, aber selten. Dagegen kam aus Italien oft die Schwester von Herrn Professor, die »Tante Maja«, wie sie in der Familie allgemein genannt wurde. Sie brachte immer italienische Gerichte mit und zeigte mir, wie man sie zubereitet, beispielsweise Risotto. Das ist ein Reis, der mit Zwiebeln und Knoblauch in Öl angeröstet und nachher gekocht wird. Die gute Tante Maja hat mir genau gezeigt, wie ich das alles machen muß. Sie war in der Haberlandstraße und auch in Caputh. In Berlin schlief sie im Gästezimmer. Sie blieb oft längere Zeit.

FH: Erst kürzlich stellte sich heraus, daß Maria Einstein zu Beginn des Jahrhunderts an der Berliner Universität mehrere Semester Romanistik studierte. Da an den preußischen Universitäten das Studium für Frauen damals noch nicht erlaubt war, wurde sie nicht in die Matrikel eingetragen. Sie war aus der Schweiz nach Berlin gekommen, um hier den bedeutenden Erforscher der altfranzösischen Sprache und Literatur, Professor Tobler, zu hören und bei ihm zu arbeiten. »Tante Maja« kannte also Berlin schon von früher.

HW: Ich habe sie in guter Erinnerung. Sie hat mir noch nach dem Krieg durch Margot aus Princeton Grüße bestellen lassen. Sie hielt sich dort bei ihrem Bruder auf und war sehr krank. Deshalb konnte sie nicht mehr zu ihrem Mann nach Italien zurückkehren.

FH: Dr. phil. Maria Winteler-Einstein ist 1951 in Princeton gestorben. Wie aus Briefen an seinen Jugendfreund Solovine hervorgeht, saß Einstein in ihren letzten Jahren fast jeden Abend an ihrem Bett und las ihr aus Werken griechischer Naturphilosophen und französischer Materialisten des 18. Jahrhunderts vor. Ihr Tod hat ihn tief erschüttert. Aber wieder zurück nach Berlin. Kamen auch nahe Verwandte von Frau Elsa zu Besuch?

HW: Ja, Tante Paula, genannt »Tante Paulchen«, und Tante Hermine. Beide waren Schwestern von Frau Professor. Tante Paula war so etwas wie die Lieblingstante der Familie, mehr als Tante Hermine. Die war ein bißchen auf »vornehm« aus, während Tante Paulchen ganz schlicht und einfach war.

FH: Wo hatten die beiden Tanten ihren Wohnsitz?

HW: In Berlin. Sie kamen sehr oft in die Haberlandstraße zu Besuch und brachten häufig auch ihre Angehörigen mit.

FH: Gab es sonst noch Verwandte, an deren Besuch in der Stadtwohnung oder in Caputh Sie sich erinnern?

HW: »Tante Maja« aus Italien – soviel ich weiß, wohnte sie in der Nähe von Florenz – und die beiden Tanten aus Berlin waren außer den Söhnen von Herrn Professor die einzigen näheren Verwandten, an deren Besuch ich mich entsinnen kann. Aber zwei auswärtige Besucher möchte ich nicht vergessen, zwei Wissenschaftler: die Professoren Ehrenfest und Ehrenhaft.

FH: Ehrenfest war theoretischer Physiker an der Universität Leiden in Holland, Ehrenhaft Experimentalphysiker an der Universität Wien.

HW: Ich bringe die beiden Namen immer durcheinander: Ehrenfest und Ehrenhaft.

FH: Man kann sie ja auch leicht verwechseln.

HW: Wenn Herr Professor zu seinen Gastvorlesungen in Leiden war, wohnte er immer bei Ehrenfest. Als er einmal von der Reise zurückkehrte, erzählte er, wie er bei Professor Ehrenfest in einem Sessel saß und beim Lachen so heftig mit den Händen auf die gepolsterten Armlehnen schlug, daß ganze Wolken von Staub aus der Polsterung herauskamen und durch das Zimmer wirbelten. Herr Professor meinte, es sei ihm fast peinlich gewesen. Aber Professor Ehrenfest nahm ihm das sicherlich nicht übel. Der war ein sehr fröhlicher Mensch und lachte gern, wie Herr Professor ja auch. Ihre Lachen hörte man durch die ganze Wohnung.

FH: Das erinnert mich an einen Ausspruch Galileis bei Brecht: »Die Theologen haben ihr Glockenläuten, und die Physiker haben ihr Lachen.« Und in der Selbstbiographie des János Plesch heißt es über Einstein: »Das Lachen ist eine der schönsten Gaben, die ihm die Götter geschenkt haben. Er kann über Witze und über komische Situationen aus Herzensgrund lachen. Er lacht, das ist seltsam, auch wenn andere weinen. Ich habe ihn laut lachen gehört über Dinge, die ihm sehr an die Seele gingen.« Diese Schilderung dürfte zutreffend sein, zumindest für die Zeit in Berlin. Später änderte sich das. Über Auschwitz und Maidanek, Hiroshima und Nagasaki lachte er nicht.

Paul Ehrenfest war nach der Schilderung von Plesch »ein wundervolles Exemplar altösterreichischer Herzlichkeit«. Er stammte aus Wien und hatte eine Russin, eine Physikerin, geheiratet. Im September 1933 setzte Ehrenfest seinem Leben auf tragische Weise selbst ein Ende. Nach Plesch war ein äußerer Anlaß dazu der Umstand, daß seinem Sohn eine unaufhaltsame Erblindung drohte. Einstein gab in dem Nachruf auf seinen Freund andere Gründe für dessen Verzweiflungstat an, darunter auch eine beginnende Entfremdung zwischen Ehrenfest und seiner Frau Tatjana. Wie Einstein schreibt, war dies für Ehrenfest »eine furchtbare Erfahrung, mit welcher seine bereits verwundete Seele nicht mehr fertig wurde«. Nach Einsteins Meinung litt Ehrenfest auch daran, daß seine kritischen Gaben größer waren als seine schöpferischen Fähigkeiten. Es haben hier also wohl mehrere Motive zu einem Lebensende geführt, das so gar nicht zu dem lustigen, so gern und herzhaft lachenden Gelehrten passen will. Tatjana Ehrenfest hat ihren Mann um mehr als dreißig Jahre überlebt, sie starb 1964 in Leiden.

FH: Da wir vorhin vom Lachen sprachen: Sie erzählten mir vor längerer Zeit von einem heiteren Mißverständnis, das Einstein auf einer Reise in England unterlaufen ist. Es dürfte um 1930 gewesen sein. Könnten Sie das wiederholen?

HW: Gern. Ich weiß nicht, mit wem zusammen Herr Professor in England in der Bahn saß. Als sie an einer Stadt mit vielen Schornsteinen vorbeifuhren, sagte sein Begleiter zu Herrn Professor: »Das englische Essen.« Das sollte sicher ein Hinweis auf die großen Rüstungsbetriebe in dieser Stadt sein. Aber Herr Professor war wieder einmal ganz in seinen Gedanken versunken und sagte darauf: »Ja, schauderhaft, die kochen hier alles mit Hammelfett.« Dieses Mißverständnis hatte beide sehr erheitert. Als Herr Professor in Berlin in meiner Gegenwart davon erzählte, hat er sich fast ausschütten wollen vor Lachen. Er hat es beim Mittagessen erzählt, das eben ganz anders zubereitet wurde als in England. Dort hat ihm das Essen offenbar gar nicht geschmeckt.

FH: Sie nannten vorhin noch den Wiener Experimentalphysiker Ehrenhaft. Haben Sie auch ihn in Erinnerung?

HW: Sogar sehr gut. Das Ehepaar Ehrenhaft wohnte nämlich einmal im Sommer eine Zeitlang, vielleicht drei Wochen, in Caputh. Sie bewohnten im ersten Stock des Hauses das Zimmer, das sonst für die Kaysers da war. Beide gaben sich äußerst liebenswürdig, so nach Wiener

Art, sie haben sich auch oft mit mir unterhalten. Sie waren sehr mitteilsam, also gar nicht irgendwie zurückhaltend mir gegenüber als Hausangestellte.

Felix Ehrenhaft war 1908 durch interessante Experimente mit Elektronen bekannt geworden. Er glaubte bewiesen zu haben, daß das Elektron kein Elementarteilchen im strengen Sinn, sondern teilbar sei ähnlich dem Atom. Es müsse also »Subelektronen« geben. Diese Ansicht wurde damals unter den Physikern lebhaft erörtert. Lenins häufig zitierter Satz aus seinem philosophischen Werk »Materialismus und Empiriokritizismus«: »Das Elektron ist ebenso unerschöpflich wie das Atom«, der um jene Zeit niedergeschrieben wurde, stützt sich offensichtlich auf solche Erwägungen. Gegenwärtig wird das Problem der »Subelektronen« erneut diskutiert, insbesondere von amerikanischen Physikern.

FH: Wie mit Ehrenfest war Einstein auch mit Ehrenhaft eng befreundet. Wenn er sich in Wien aufhielt, wohnte er meist bei ihm. Philipp Frank berichtet in seiner Biographie, daß Frau Ehrenhaft einmal die Hose, die Einstein für seinen Vortrag im Koffer mitgebracht hatte, für den Abend von einem Schneider aufbügeln ließ. Aber sie bemerkte dann zu ihrem Schrecken, daß ihr Gast dennoch mit der ungebügelten, von der Eisenbahnfahrt zerknitterten Hose zu seinem Vortrag gegangen war. Einstein hielt eben nicht viel von Bügelfalten.

HW: Nein, das war nicht seine Stärke. Als später Dr. Marianoff, sein Stiefschwiegersohn, ins Haus kam, da wurden dessen Anzüge alle vier Wochen vom Schneider zum Bügeln abgeholt. So etwas war Herrn Professor ganz fremd, das war bei ihm nicht üblich. Nur hin und wieder, wenn es unbedingt sein mußte, wurde einer seiner Anzüge aufgebügelt. Ab und zu brachten wir da etwas zum

Schneider an der Ecke, aber bloß die guten Anzüge zum Ausgehen.

FH: Plesch trifft wohl das Richtige, wenn er über Einstein schreibt: »Er gibt auf Äußerlichkeiten gar nichts. Am wohlsten fühlt er sich in Hausanzug und Schlappschuhen oder im Sommer in Sandalen, Leinenhosen und Trikot. So kann er stundenlang einsam segeln, und wenn er da eine Kopfbedeckung benötigt, so gebraucht er sein Taschentuch, aus dessen vier Enden er Knoten knüpft, so eng, bis er das Tuch straff über den Schädel spannen kann.«

HW: Ja, so war es, das kann ich bestätigen.

FH: Aus dem Erinnerungsbuch von János Plesch noch ein Beispiel für die drastische Art, in der Einstein sich äußern konnte. Wir sprachen schon darüber, daß er 1928 und 1929, bevor es das Sommerhaus in Caputh gab, zeitweilig auf Pleschs Landgut in Gatow lebte, um hier in Ruhe arbeiten zu können. In der Nähe des Grundstücks waren Rieselfelder. Wenn der Wind ungünstig stand, beeinträchtigte das den Aufenthalt. Eine Verlegung der Felder wäre aus hygienischen Gründen längst fällig gewesen, aber der Magistrat von Groß-Berlin hatte diese Maßnahme immer wieder aufgeschoben. Als nun Oberbürgermeister Böß einmal gleichzeitig mit Einstein in Gatow bei Plesch zum Essen war, fragte er Einstein ein wenig verlegen und schuldbewußt, ob ihm denn der Geruch nicht lästig sei. Darauf antwortete Einstein: »Er stört mich nicht weiter, und ich revanchiere mich dafür von Zeit zu Zeit.« Diesen Bericht halte ich für glaubhaft. Denn daß Einstein sehr ironisch sein konnte und sich kein Blatt vor den Mund nahm, zeigt seine Erwiderung auf den Protest einer amerikanischen Frauenliga, die im Herbst 1932 seine erneute Einreise in die Vereinigten Staaten verhindern wollte. In Einsteins Erklärung heißt es zum Schluß: »Aber haben sie nicht recht, die wachsamen Bürgerinnen? Was soll man einen Menschen zu sich kommen lassen, der mit demselben Appetit und Behagen hartgesottene Kapitalisten frißt wie einst das Ungeheuer Minotaurus in Kreta leckere griechische Jungfrauen und der zudem so gemein ist, jeden Krieg abzulehnen, ausgenommen den unvermeidlichen Krieg mit der eigenen Gattin? Hört also auf Eure klugen und patriotischen Weiblein und denkt daran, daß auch das Kapitol des mächtigen Rom einst durch das Geschnatter seiner treuen Gänse gerettet worden ist!« Soweit das Zitat. – Das Wort von der Unvermeidlichkeit des Krieges mit der eigenen Gattin, das Einstein hier so nebenbei ausspricht, ist wohl als Verallgemeinerung seiner persönlichen ehelichen Erfahrungen zu verstehen, insbesondere aus den letzten Berliner Jahren. In unseren Gesprächen haben sich ja Anhaltspunkte dafür ergeben. Man sollte diese Erkenntnis Einsteins achten, sie aber auch – ganz in seinem Sinn – nicht allzu ernst nehmen.

Drittes Gespräch

FH: Eine Frage zu den Sommeraufenthalten Einsteins, bevor es das Landhaus in Caputh gab. Im Juni 1927 kamen Sie in die Haberlandstraße. Können Sie sich erinnern, wo Einstein 1927 seinen Sommerurlaub verbrachte? Aus Briefen geht hervor, daß er im Juli in der Schweiz war. Fuhr er anschließend an die See?

HW: Darüber kann ich nichts sagen. Ich weiß nur von einem Sommeraufenthalt des Herrn Professor an der See, im Anschluß an seine schwere Erkrankung im Frühjahr 1928. Ich weiß leider nicht mehr, wie der Ort hieß. Es war ein kleines Fischerdorf, kein Modebad oder dergleichen. Dorthin sind sie alle gefahren für drei oder vier Wochen, die ganze Familie.

FH: Ein Foto zeigt Einstein, in Decken gehüllt, auf einem Liegestuhl am Meer. Es dürfte bei dieser Gelegenheit gemacht worden sein.

HW: An dieses Foto kann ich mich gut erinnern. Ich habe es in einer Illustrierten gesehen. Das war in dem kleinen Badeort an der See.

FH: Waren Sie auch mit?

HW: Nein. Während dieser Zeit nahm ich meinen Urlaub. Auch sonst habe ich meistens meinen Urlaub genommen, wenn die Einsteins verreist waren. Ich fuhr dann zu meinen Eltern nach Lautawerk. Es kam aber auch vor, daß Margot in Berlin blieb. Dann habe ich natürlich den Haushalt weitergeführt.

FH: Es heißt, daß Einstein sich häufig an der Ostsee erholte, in Ahrenshoop und auf Hiddensee.

HW: Auf Hiddensee waren zu meiner Zeit nur noch die Töchter. Frau Dr. Kayser und Margot. Sie wohnten in Kloster. Herr Professor war damals nicht mehr dort. Das muß früher gewesen sein.

FH: Machten die Einsteins, nachdem das Sommerhaus in Caputh bezogen war, noch größere Urlaubsreisen an die See oder sonstwohin?

HW: Nein, Herr Professor blieb dann immer in Caputh. Es hat ihm dort sehr gut gefallen. Natürlich ist er oft mal weggefahren, zu Vorträgen oder zu wissenschaftlichen Tagungen und so. Ich weiß noch, daß er Frau Professor einmal aus Rothenburg ob der Tauber in Berlin anrief und ihr sagte, sie solle doch nachkommen, um sich dieses schöne mittelalterliche Städtchen anzusehen. Sie ist dann auch hingefahren. Sie blieben dort einige Tage. Es muß im zeitigen Frühjahr gewesen sein.

FH: Wo verbrachten in den letzten Berliner Jahren die beiden Töchter den Sommer? Fuhren sie noch immer nach Hiddensee, oder kamen sie mit hinaus nach Caputh?

HW: Sie sind nachher auch in Caputh geblieben. Den Winter über fuhren sie oft ins Engadin, aber im Sommer waren sie meistens in Caputh. Anfangs sind die Töchter viel nach Hiddensee gefahren. Vor allem Margot. Sie erzählte mir einmal von Gerhart Hauptmanns zweiter Frau, Margarete, die sie dort traf, die sie aber schon von früher kannte. Als Margot ihr sagte, daß sie jetzt einen Wellensittich habe, so einen niedlichen kleinen Vogel, meinte Frau Hauptmann boshaft: »Ach, Margot, den hatten Sie ja schon immer.« Das hat sie mir ganz entrüstet erzählt. Die beiden Frauen konnten sich nicht gut leiden.

FH: Der Wellensittich war sicher ein Liebling, ein Mittelpunkt der Familie in der Stadtwohnung.

HW: Ja, der Sittich, ein blauer, war wirklich ein süßes Tier. Damals hatte man sie noch nicht so häufig wie heute. Margot sprach noch in ihren Briefen nach dem Krieg von ihrem »Bibo« oder »Biebchen«.

FH: In einer Biographie las ich, daß der Wellensittich das Geschenk eines japanischen Gelehrten an Einstein gewesen sei.

HW: Das ist mir neu, das weiß ich nicht. Ich weiß nur, daß der »Bibo« so schön sprechen konnte. Margot hatte ihm das beigebracht.

FH: Hatten die Einsteins sonst noch irgendwelche Tiere, in der Haberlandstraße oder in Caputh?

HW: In der Haberlandstraße nur den Wellensittich. Auch Herr Professor hatte an ihm viel Freude, aber vor allem die Margot. Sein Bauer stand in ihrem Zimmer, er ist aber viel in der Wohnung frei herumgeflogen. Aber Moment, da fällt mir ein: Im Biedermeierzimmer stand auf dem Fensterbrett ein Glas mit einem oder zwei Goldfischen. Es war ein kleines längliches Aquarium, ganz einfach, nicht so wie heute.

FH: Hat sich Einstein mit den Goldfischen beschäftigt?

HW: Herr Professor hat gelegentlich Fischfutter rübergestreut. Ja, und sonst gab es keine Tiere im Haus. Erst nachher in Caputh hatten wir einen Lieblingshund, aber keinen eigenen, und im letzten Jahr einen zugelaufenen Kater. Das war alles.

FH: Einmal in der Woche, wenn Einstein nicht zu Hause war, gingen Sie ins Turmzimmer hinauf, um dort sauberzumachen.

HW: Dabei habe ich auch immer die Fenster geputzt, was ich unten in der Wohnung nicht brauchte. Es sollte eben kein Fremder den Arbeitsraum von Herrn Professor betreten.

FH: Durften Sie beim Aufräumen die Anordnung oder vielleicht auch Unordnung der Bücher und Schriftstücke auf Einsteins Schreibtisch verändern, oder mußte alles so liegenbleiben, wie es gerade lag? Manche Gelehrte sind in diesem Punkte sehr empfindlich und wollen nicht, daß da von anderen eingegriffen und etwas verändert wird, weil sie sich dann nicht mehr so rasch zurechtfinden. Das ist auch ganz verständlich.

HW: Da war eigentlich immer alles ziemlich aufgeräumt. Und dann hat ja auch Fräulein Dukas oben gearbeitet, auf der Schreibmaschine, wenn auch nicht täglich. Ich habe ihr oft Tee raufgebracht. In der Wohnung unten ist nicht diktiert oder mit der Maschine geschrieben worden, höchstens in der Zeit, als Herr Professor krank und bettlägerig war. Das könnte sein.

FH: Hat Einstein auch selbst auf der Maschine geschrieben? Viele Wissenschaftler machen das ja, wenn auch oft mit einem eigenwilligen Fingersatz, bei dem die rechte Hand nicht weiß, was die linke tut.

HW: Maschineschreiben habe ich Herrn Professor niemals gesehen oder gehört.

FH: Benutzte Einstein, der ja an technischen Neuerungen interessiert war, ein Diktiergerät? Solche Geräte gab es damals schon, und sie wurden laufend verbessert. Natürlich waren es keine elektronischen Diktiergeräte, wie wir sie heute haben. Sie arbeiteten noch mechanisch, nach dem Prinzip des Phonographen von Edison, mit einer Wachswalze. Man mußte in einen Trichter sprechen. Die Aufzeichnungen konnten mit einem Abschleifapparat gelöscht werden. Das war alles ziemlich umständlich, aber die Vorrichtung erfüllte ihren Zweck. Der Chemiker und Kulturwissenschaftler Wilhelm Ostwald hatte sich um 1910 gleich drei Diktiermaschinen angeschafft, um seine umfangreiche literarische Produktion bewältigen zu können. Besaß Einstein solch ein Gerät?

HW: Nein. Herr Professor diktierte Fräulein Dukas ins Stenogramm oder manchmal auch gleich in die Maschine. Sonst schrieb er alles mit der Hand.

FH: Noch eine Frage zu seiner Arbeitstechnik: Wie Sie wissen, gab es vor einiger Zeit einen Streit um angebliche Einstein-Stenogramme. Er ging auch durch unsere Tagespresse. Nun wäre es nicht auszuschließen, daß Einstein stenografierte. An der Kantonsschule in Aarau, an der er vor Beginn des Hochschulstudiums in Zürich das Abiturjahr nachholte, hatte er Gelegenheit, die Stenografie zu erlernen. Andere Physiker seiner Generation wie Lise Meitner und Erwin Schrödinger bedienten sich für flüchtige

Notizen der Kurzschrift nach Gabelsberger, wie überlieferte Dokumente beweisen. Bemerkten Sie auf den Papieren, die im Turmzimmer auf Einsteins Schreibtisch oder unten morgens auf seinem Nachttisch lagen, Schriftzeichen, die wie Stenografie aussahen?

HW: Ich sah da viele Blätter und Zettel, die Herr Professor mit mathematischen Formeln beschrieben hatte, aber von Stenografie habe ich nichts bemerkt.

FH: Mit Hilfe des Handschriftenvergleichs – unter Benutzung von Dokumenten des Arnold-Zweig-Archivs in Berlin – konnte ich den Sachverhalt klären. Die angeblichen Einstein-Stenogramme stammen von dem Maler, Grafiker und Schriftsteller Hermann Struck, einem Zionisten, bei dem Einstein auf seiner Rückreise aus Japan im Februar 1923 in Palästina zu Gast war.

HW: Darüber habe ich in der Zeitung gelesen.

FH: Sie sagten mir schon früher, daß es bei Einsteins keine Gesellschaftsspiele gab, weder Bridge noch Skat, noch Halma, noch Domino oder dergleichen. Einstein selbst konnte insbesondere das Schachspiel nicht leiden, obwohl er mit dem Schachweltmeister Emanuel Lasker befreundet war und mit ihm viel über philosophische und andere Fragen diskutierte. Wie er 1952 in seinem Geleitwort zu einer Lasker-Biographie schrieb, hätten ihn an diesem Spiel »Machtringen und kompetitiver Geist stets abgestoßen«. In ähnlichem Sinne hatte er sich schon 1936 in einer großen amerikanischen Tageszeitung über oder besser gesagt gegen das Schachspiel geäußert. Er lehnte dieses geistvolle Spiel aus sittlichen Beweggründen ab, weil es darauf beruht, den Partner durch allerlei Winkelzüge zu überlisten. Sicherlich werden Sie in der Wohnung keinen Schachtisch, wie man ihn als schöne Intarsienarbeit oft sieht, und auch kein Schachbrett bemerkt haben.

HW: Nein, an so etwas kann ich mich nicht erinnern.

FH: Diese Antwort war vorauszusehen. Ich wollte mich

nur vergewissern. – In einer amerikanischen Einstein-Biographie heißt es, daß Einstein in Princeton ein gerahmtes Diplom an der Wand hängen hatte, eine der vielen Ehrenurkunden, die er in seinem Gelehrtenleben erhielt. Es bescheinigte ihm die Mitgliedschaft in der schweizerischen Naturforschenden Gesellschaft in Bern. Können Sie sich in der Haberlandstraße an eine gerahmte Urkunde an der Wand erinnern?

HW: So ein Diplom hing in Herrn Professors Schlafzimmer in der Ecke neben der Tür, dort, wo die Silbertruhe stand. Darauf kann ich mich mit Bestimmtheit entsinnen. Es könnte dieses Diplom gewesen sein.

FH: Haben Sie die Urkunde des Nobelpreises oder die dazugehörige goldene Plakette gesehen?

HW: Nie, leider. Ich nehme an, daß Frau Professor alle diese Medaillen und Diplome aufbewahrt hat. Herr Professor hat sich wohl wenig darum gekümmert.

FH: Es dürfte also den Tatsachen entsprechen, wenn in einer Biographie gesagt wird, Einstein habe vermutlich gar nicht gewußt, wie seine Nobelpreis-Plakette aussah.

HW: Das ist gut möglich.

FH: Wie stand es zu Ihrer Zeit bei Einstein um das Rauchen? Das war ja seine Leidenschaft seit seinen Studentenjahren. Und diese Leidenschaft hielt an bis in sein hohes Alter. In Princeton mußte er auf ärztliche Weisung schließlich das Rauchen ganz unterlassen. Dann hat er – wie man so sagt – kalt geraucht. Wie war das in seinen letzten Jahren in Berlin?

HW: Herr Professor hat viel geraucht, meistens Pfeife.

FH: Max von Laue, der 1906 den Vater der Relativitätstheorie am Patentamt in Bern aufsuchte, berichtete, daß Einstein ihm bei einem anschließenden Spaziergang durch die Stadt einen Stumpen anbot, der ihm so wenig schmeckte, daß er ihn »versehentlich« von der Aarebrücke in die Aare hinunterfallen ließ. Rauchte Einstein zu Ihrer Zeit neben seiner Pfeife noch Stumpen oder andere Zigarren oder vielleicht auch Zigaretten?

HW: Zigaretten nicht. Aber Zigarren hat Herr Professor mitunter geraucht, besonders wenn Besucher da waren.

FH: Plesch schreibt, daß das Anzünden einer guten Zigarre bei Einstein zu einer »Feierlichkeit« wurde, die seine Sinne »mit festlichem Nachdruck« genossen, und er fährt fort: »Offiziell gestand ihm seine sorgliche Frau immer nur eine Zigarre täglich zu, doch heimlich besaß er in seiner Klause viele Kisten Zigarren verschiedenster Marken, die seine Freunde mit durchtriebener List eingeschmuggelt hatten.« Mit der Klause ist sicherlich das Turmzimmer gemeint. War es da, wenn Sie hinaufkamen, um Tee zu bringen oder etwas zu bestellen, immer blau?

HW: Ach ja, da war immer ziemlich blauer Dunst. Herr Professor rauchte aber dort meistens seine kurze Pfeife.

FH: Können Sie Genaueres über Einsteins Körpergröße sagen? Es gibt darüber recht unterschiedliche Angaben. Von Helene Dukas wurde er als »etwas über mittelgroß« beschrieben.

HW: Herr Professor war ein wenig größer als ich. Ich maß damals 1,68 m. Er dürfte also 1,72 oder 1,73 gewesen sein.

FH: Ein Schweizer Bekannter aus seiner Frühzeit gibt an, daß Einstein 1,76 groß war.

HW: Nun ja, aber ganz so groß habe ich ihn nicht in Erinnerung.

FH: Da wir bei Einsteins Äußerem sind, möchte ich etwas anführen, das ich bei Plesch fand und das mir bemerkenswert erscheint. Plesch schreibt, daß Einstein zum Erstaunen und Ärger der Zeichner, Maler und Bildhauer keinen Hinterkopf hatte. Daher habe ihn auch kaum ein Künstler ganz getroffen; sie mußten – meint er – alle irgendeine Hemmung gehabt haben gegenüber diesem ungeheuren Schädel ohne Hinterkopf. Daran ist sicher etwas Wahres.

HW: Das habe ich nicht so genau beobachtet. Ich weiß aber, daß Herr Professor ziemlich breitschultrig war, im Gegensatz zu Geheimrat Planck, der etwas kleiner war als er und schmächtig. Auch Professor von Laue, möchte ich sagen, war nicht so breit.

FH: Eine psychologische Frage: Wie würden Sie Einstein nach den bekannten vier Temperamenten einstufen? War er Choleriker, Sanguiniker, Phlegmatiker oder Melancholiker?

HW: Ich würde sagen, Herr Professor war ruhig. Phlegmatisch möchte ich ihn aber nicht nennen. Cholerisch, aufbrausend, war er nicht. Er gehörte nicht zu den Leuten, die immer gleich auf der Palme sind, wie man so sagt. So habe ich ihn jedenfalls nicht erlebt.

FH: Für den Kreis der Familie trifft dies sicherlich zu, vielleicht mit gelegentlichen Ausnahmen bei den oft recht lauten Auseinandersetzungen, von denen Sie ja sprachen. Aber von Außenstehenden wird berichtet, daß Einstein auch schroff und heftig auftrat. Er war in sich eben sehr widerspruchsvoll. Plesch erklärt, daß Einstein hassen und tief verachten konnte. Wörtlich heißt es: »Es ist schwer, ihn sich zum Feind zu machen, aber wen er einmal aus seinem Herzen gestoßen hat, der ist für ihn auf immer erledigt.« Diese Charakteristik halte ich für zutreffend. In gleichem Sinn schrieb Einsteins Fachkollege und Biograph David Reichinstein: »Einstein kann eine sehr starke Abneigung äußern, kann sehr heftig werden, unduldsam, sogar ungerecht.« Er war also schon aus der Ruhe zu bringen. Besonders sein späteres Verhalten beweist dies. In einigen Abschnitten meines Buches »Einstein und sein Weltbild« habe ich Näheres dazu ausgeführt und quellenmäßig belegt. Einstein war nicht immer die Gerechtigkeit in Person.

HW: Herr Professor war aber nicht launisch, und vor allem immer sehr höflich zu den Besuchern. Auch wenn meine Angehörigen zu Besuch kamen, hat er alle herzlich begrüßt und jedem die Hand gegeben. Da gab es nicht so etwas wie: Hier ist der Herr Professor, und da ist ja bloß die Hausangestellte. Zu meiner Kusine, die mich oft besuchte, sagte er immer »Frau Hedwig«. Ich habe Ihnen schon früher mal erzählt, wie Herr Professor sich durch einen Anruf bei Professor Katzenstein dafür einsetzte, daß Hedwigs sechsjähriger Junge im Krankenhaus Friedrichshain besonders aufmerksam betreut wurde.

FH: Aus den Darstellungen mancher Biographen gewinnt man den Eindruck, daß Einstein in seinem Privatleben ziemlich unordentlich, sogar liederlich war. Daß er auf die Ordnung seiner Papiere und Briefschaften wenig Wert legte, ist sicher nicht zu bestreiten. Max von Laue, mit dem ich mich viel über Einstein unterhielt, sagte mir wörtlich: »Einstein war kein Sammler.« Anscheinend brachte erst Helene Dukas Ordnung in seine Registratur. Aus der Zeit vor 1928 ist daher vieles unwiederbringlich verloren, darunter Gelehrtenbriefe, deren Kenntnis für eine tiefere Einsicht in die Entstehung seiner Theorie von größter Bedeutung wäre. Einstein war wirklich kein Sammler. Aber kann man ihn als liederlich bezeichnen?

HW: Das möchte ich nicht sagen. Eher möchte ich sein Verhalten gleichgültig nennen. Es war ihm eben beispielsweise ziemlich egal — wir sprachen ja schon darüber —, was er anzog. Es sollte nur so bequem wie möglich sein.

FH: Da Sie erneut auf das Thema Bekleidung zurückkommen, folgendes dazu: In einer Biographie wird geschildert, wie Einstein um 1925 in Begleitung einer Studentin durch den Berliner Tiergarten zur Universität ging. Zuvor hatte es stark geregnet, und es standen überall Pfützen auf den Wegen. Einstein sei — so heißt es weiter — jeder Pfütze ausgewichen. Er habe dies damit begründet, daß seine Schuhe eigentlich besohlt werden müßten. Halten Sie diese Schilderung für glaubwürdig, oder ist das übertrieben oder wieder frei erfunden? Es gibt über Einstein ja so viele Histörchen.

HW: Diese Schilderung möchte ich nicht für übertrieben oder für frei erfunden halten. Das kann wirklich so gewesen sein. Herr Professor hat Schuhe, die ihm bequem waren, in denen er sich wohl fühlte, eben angezogen, auch wenn sie nicht mehr wasserdicht waren. Er hat sie so lange getragen, bis es nicht mehr ging.

FH: Dann dürfte also die Antonina nicht zu stark aufgetragen haben, wenn sie über Einstein schrieb, was ihm durch langen Gebrauch vertraut ist, ein gestopfter Sweater, eine alte Jacke, sei ihm lieber als ein Stoff, an dessen Berührung er nicht gewöhnt ist; ein durchlöcherter Schlafrock sei ihm bequemer als der neue, den man ihm geschenkt hat. Diese Charakteristik, die ich schon anführte, galt offensichtlich auch für sein Schuhwerk. Dabei fällt mir ein: Sie sagten mir einmal, daß Einstein gern Schuhe mit dicken Kreppsohlen trug.

HW: Solche Schuhe hat Herr Professor sehr gern getragen. Aber auch Sandalen trug er viel.

FH: Biographen berichten, daß Einstein nur ungern Socken anzog und manchmal ganz ohne Socken ging. Er selbst schrieb 1942 aus Princeton an seinen Freund Dr. Hans Mühsam in Haifa, den Bruder des ermordeten Antifaschisten Erich Mühsam, er sei »ein einsamer alter Knabe« geworden, »eine Art altertümliche Figur, die hauptsächlich durch den Nichtgebrauch von Socken bekannt ist«. Hatte er schon in den letzten Berliner Jahren eine Abneigung gegen den Gebrauch von Socken?

HW: In Caputh nachher auf jeden Fall. Da ist er gelegentlich sogar barfuß, das heißt ohne Socken, nur mit Sandalen an den Füßen, zu Vorträgen in die Institute nach Potsdam gefahren.

FH: In einem Brief an den eben genannten Hans Mühsam vom März 1953 findet sich Einsteins Definition der guten Hausfrau. Ich will sie hier zitieren, weil ich sie so lustig und treffend finde: »Die gute Hausfrau ist die, die in der Mitte steht zwischen der Drecksau und dem Putzteufel.« Nach den überlieferten Berichten habe ich den Eindruck, daß Einsteins erste Frau, Mileva, dem erstgenannten Extrem nahekam, während Elsa dem zweiten zuneigte.

HW: Frau Professor hat sehr auf Ordnung geachtet, aber als Putzteufel möchte ich sie nicht bezeichnen.

FH: Eine Frage zur Postzustellung. Fuhr der Briefträger bis an die Wohnungstür hoch, oder ließ er die Post unten beim Portier?

HW: Er fuhr mit dem Fahrstuhl 'rauf, klingelte an der Wohnungstür und gab mir die Post. Einen Briefkasten hatten wir weder an der Tür noch unten im Hausflur. Die Post wurde vom Briefträger immer persönlich abgegeben. Wenn niemand zu Hause war, warf er die Postsachen durch einen Schlitz in der Tür. In den Sommermonaten wurde die Post vom Zustellpostamt nach Caputh umgeleitet und dort vom Landbriefträger ausgetragen. Die Briefe an Herrn Professor waren manchmal sehr großzügig adressiert. So entsinne ich mich, daß aus Japan Briefe eintrafen mit der Adresse: »Professor Albert Einstein, Deutschland«. Und sie kamen ohne Verzögerung an.

FH: Ähnliches wird über Gerhart Hauptmann berichtet. Als er durch seine Dramen, vor allem durch die »Weber«, weltbekannt geworden war, bekam er aus Amerika Briefe mit der kurzen Anschrift: »Gerhart Hauptmann, Germany«. Das reichte für die Zustellung aus. Aber wie ging es mit der Post nun weiter?

HW: Ich habe die Postsachen meistens in der Diele auf einem Schränkchen abgelegt oder auch gleich reingebracht. Dann hat Frau Professor sie durchgesehen.

FH: Traf sie dabei eine gewisse – sagen wir – Vorauswahl?

Ich meine: Händigte sie ihrem Mann nur solche Briefe aus, von denen sie glaubte, daß sich eine Beantwortung lohnte? Übte sie sonstwie eine Zensur aus?

HW: Das mag vielleicht so gewesen sein, aber ich kann darüber nichts sagen.

FH: In einer Einstein-Biographie heißt es nämlich, daß der Portier die tägliche Post in großen Körben nach oben brachte und Frau Elsa sich dann an die Durchsicht machte. Das Sortieren der Briefe häte gut die Hälfte ihres Tages in Anspruch genommen.

HW: Ich sagte bereits, daß der Briefträger die Post an die Wohnungstür brachte und daß ich sie da in Empfang nahm. Es war manchmal viel Post, aber man brauchte zu ihrem Transport keine großen Körbe.

FH: Also wieder einmal eine jener Übertreibungen und Phantastereien, an denen es in der biographischen Einstein-Literatur nicht fehlt. Aber nach etwas Wesentlichem möchte ich Sie noch fragen: Welche Tageszeitung hatte Einstein abonniert? Ich vermute, daß es das »Berliner Tageblatt« war, in dem er ja selbst Artikel veröffentlichte. Beispielsweise erschien hier im August 1920 seine Entgegnung auf die Anschuldigungen, die in einer Hetzveranstaltung in der Berliner Philharmonie gegen seine Person und gegen die Relativitätstheorie erhoben worden waren.

HW: Ich kann nicht mit Sicherheit sagen, daß Herr Professor das »Berliner Tageblatt« abonniert hatte. Es könnte auch die »Vossische Zeitung« gewesen sein.

FH: Meine Vermutung, daß es das »Berliner Tageblatt« war, stützt sich auf die Tatsache, daß Einstein 1920 dem Inhaber dieser Zeitung, Rudolf Mosse, brieflich dafür dankte, daß der Verlag dem Wiener Ingenieur und antimilitaristischen Schriftsteller Josef Popper-Lynkeus, der sich in finanzieller Bedrängnis befand und sich ein Abonnement nicht leisten konnte, diese Zeitung regelmäßig kostenlos zusandte. Das läßt doch wohl den Schluß zu, daß Einstein selbst diese Zeitung bezog. Ich fand das »Berliner Tageblatt« in einer Einstein-Biographie auch in diesem Sinne genannt.

HW: Ich möchte nicht hundertprozentig behaupten, daß es das »Berliner Tageblatt« war. Ich bilde mir ein, es ist eher die »Vossische Zeitung« gewesen.

FH: Auch die »Vossische« käme in Betracht. In dem Ullstein-Blatt hat Einstein ebenfalls zahlreiche populärwissenschaftliche Aufsätze veröffentlicht. Sein erster Zeitungsartikel nach seiner Übersiedlung nach Berlin im April 1914 erschien hier. Überschrift: »Das Relativitätsprinzip«. Nun gut. Las Einstein seine Zeitung beim Frühstück, wie es in vielen Familien üblich war?

HW: Beim Frühstück nicht. Ich glaube, daß Herr Professor überhaupt nicht viel Zeitung gelesen hat.

FH: Eine Frage zu seiner schöngeistigen Lektüre. Von einigen Biographen wird berichtet, daß Einstein eine besondere Vorliebe für den russischen Dichter Dostojewski hatte und daß er auch gern im »Don Quichote« von Cervantes las.

HW: Darüber kann ich nichts sagen. Bücher von Dostojewski gab es in der Bibliothek. Ich lernte diesen Schriftsteller überhaupt erst hier kennen. Der Roman »Der Idiot« war das erste Buch, das ich von ihm gelesen habe. Ich durfte mir aus der Bibliothek nehmen, was ich lesen wollte. Alle Bücher standen mir frei zur Verfügung.

FH: Und von dieser Erlaubnis haben Sie sicherlich Gebrauch gemacht.

HW: Sogar sehr oft. Ich habe schon immer gern gelesen. Ich entsinne mich, daß ich mir den »Grünen Heinrich« von Gottfried Keller hier ausgeliehen habe. Natürlich standen auch die Werke von Goethe und Schiller da.

FH: In einer sonst zuverlässigen Biographie las ich, daß Einstein einen sogenannten Rollschreibtisch hatte, einen Schreibtisch also, dessen Schreibplatte mit allem, was gerade darauf liegt, durch ein verschließbares Rollo überdeckt werden kann, wie man dies oft an Postschaltern sieht. Gab es solch einen Schreibtisch in der Wohnung? Beim Abstauben der Möbel wäre er Ihnen doch sicherlich aufgefallen.

HW: Ein Rollschreibtisch? Ich erinnere mich nur an einfache, glatte Schreibtische, unten in der Wohnung wie auch oben im Turmzimmer. Von einem Rollschreibtisch weiß ich nichts.

FH: Etwas über die Anreden innerhalb der Familie. Wie sagte Einstein zu seiner Frau?

HW: Elsa.

FH: Und wie sprach sie ihn an? Einige Biographen, unter ihnen auch Frank, berichten, daß sie auf schwäbische Art Albertle zu ihm sagte.

HW: In meiner Gegenwart sagte sie nur Albert. Albertle – nein, das hätte ich mir bestimmt gemerkt.

FH: Wie sprachen die beiden Stieftöchter ihn an?

HW: Vater Albert.

FH: Der Stiefschwiegersohn Dr. Rudolf Kayser wurde vermutlich mit Rudi angeredet.

HW: Rudi oder auch Rudolf. Sonst hieß er im Familienkreis Bärchen. So nannte ihn auch seine Frau Ilse. Sie selbst wurde Äffchen gerufen, und Margot war das Häschen. Mit diesen Kosenamen haben sie sich untereinander angeredet.

FH: In dem Bericht eines Besuchers las ich, daß Dimitri Marianoff abgekürzt Dima und von Margot mit der Verkleinerungsform Dimachen gerufen wurde. Trifft das zu? Es würde jedenfalls gut zu Hertachen passen, wie Sie ja von den Töchtern genannt wurden.

HW: An eine solche Anrede kann ich mich nicht erinnern. Aber es ist nicht ausgeschlossen, daß Margot ihren Mann gelegentlich so genannt hat.

FH: In einer amerikanischen Einstein-Biographie wird

angegeben, Einstein hätte zu Margot Liebchen gesagt. Das Wort ist im englischen Text in deutscher Sprache gedruckt, ist also als wörtlicher Ausspruch gekennzeichnet. Können Sie sich an eine so zärtliche Anrede erinnern?

HW: Nein.

FH: Hat Margot, die sich ja mit Bildhauerei befaßte und in Akten als Bildhauerin bezeichnet wird, zu Ihrer Zeit viel modelliert?

HW: Ja, in ihrem Zimmer. Ich habe noch ein Andenken an sie. Hier auf meinem Schrank steht es. Ich will es gleich mal runterholen, damit wir es uns anschauen können. Diese Kleinplastik hat Margot mal gemacht, sie hat sie mir geschenkt.

FH: Zum Abschied, bevor sie Anfang April 1933 nach Paris flüchten mußte?

HW: Nein, gleich, als die Arbeit fertig war. Und ich habe mich darüber sehr gefreut. Das Vorbild für diese Plastik war eine Tänzerin, deren Veranstaltungen Margot öfter besuchte. Aus der Phantasie heraus hat sie dann dieses Figürchen modelliert.

FH: Ende der zwanziger Jahre war eine der bekanntesten Tänzerinnen Anna Pawlowa, weltberühmt durch den Tanz »Der sterbende Schwan«. Sie gab zu jener Zeit Tanzabende in allen europäischen Großstädten, auch in Berlin. Es wäre gut denkbar, daß sie Margots Modell für diese Kleinplastik war. Wurde dieser Name genannt?

HW: Anna Pawlowa ist mir ein Begriff. Aber die Plastik hier ist – soviel ich weiß – nicht nach der Pawlowa gemacht, sondern nach dem Tanz einer anderen, nicht so berühmten und noch jungen Tänzerin: Niddy Impekoven. Margot hat die Sachen aus Ton geknetet, und ich habe sie dann rausgebracht nach Lichterfelde zum Brennen. Sie machte viele solche Sachen, auch kleine Tierplastiken. Später in Amerika hat sie – wie sie mir schrieb – noch Steinhauen gelernt.

FH: Das wird durch einen Brief Einsteins an Max Born aus dem Jahre 1937 bestätigt. Darin heißt es: »Margot ist die Woche über in New York und haut Stein mit einer unüberbietbaren Begeisterung.«

HW: In der Berliner Zeit war ihr das zu anstrengend. Da hat sie nur so kleine Sachen gemacht. Sie hatte in ihrem Zimmer eine Drehscheibe, eine Art Töpferscheibe, und darauf hat sie meistens die hübschen Sachen modelliert.

FH: Hat Margot auch Köpfe geformt, beispielsweise den Kopf des eleganten János oder anderer prominenter Besucher?

HW: Nein, das nicht. So große Dinge hat sie sich nicht zugetraut. Sie hatte damals wohl auch erst ausgelernt. Sie ist noch manchmal zu ihrem Lehrer, Professor Isenstein, nach Lichterfelde gefahren, und es könnte sein, daß sie dort auch an größeren Sachen gearbeitet hat. Davon bekam ich aber nichts zu sehen.

FH: Hatte Margot freundschaftliche Beziehungen zu bekannten Persönlichkeiten?

HW: Ich weiß nur, daß sie mit Frau Hilferding verkehrte, mit Rose Hilferding.

FH: Eine Verwandte des sozialdemokratischen Wirtschaftstheoretikers Rudolf Hilferding, der in der Weimarer Republik zweimal Reichsfinanzminister war und das Buch »Das Finanzkapital« schrieb?

HW: Soviel ich weiß, war Margots Freundin die Ehefrau von Rudolf Hilferding. Sie wurde immer nur Rose genannt.

FH: Wie Sie mir einmal sagten, seien Ihnen an Margot die strahlenden blauen Augen aufgefallen. Sie erzählten mir dazu auch eine kleine Begebenheit. Könnten Sie das wiederholen?

HW: Margot saß einmal mit Freunden in einem Kaffeehaus, ich glaube, es war in Wien, als der damals bekannte Schlager gespielt wurde: »Wo hast du denn die schönen blauen Augen her?« Einer ihrer Bekannten sagte bei der Musik zu ihr: »Wo hast du denn die schönen blauen Augen her?« Darauf antwortete Margot ganz treuherzig: »Von meiner Mutter.« Darüber hätten alle herzlich gelacht.

FH: In allen Schilderungen tritt uns Margot als eine sehr sympathische, mädchenhaft wirkende junge Frau entgegen, als eine liebenswerte Künstlernatur. Der Kosename »Liebchen«, den Einstein für sie gebraucht haben soll, hätte tatsächlich gut zu ihr gepaßt. Finden Sie nicht?

HW: Das mag sein. Aber ich kann mich an diese Anrede wirklich nicht erinnern.

FH: Nun ein paar Fragen zu den gesundheitlichen Verhältnissen in der Familie Einstein. Die ziemlich schwere Erkrankung Einsteins im Frühjahr 1928 haben Sie ja schon mehrmals erwähnt. Nach Plesch, der es als der behandelnde Arzt wissen mußte, war Einstein an einer »akuten Herzüberanstrengung« erkrankt. Plesch bezeichnet sie als »Myocardstauung«. Einstein soll selbst zugegeben haben, daß seine Herzmuskelerkrankung letztlich auf das Rudern eines schweren Segelbootes in einer Abendflaute zurückging. Dies muß im Sommer oder Herbst 1927 gewesen sein, also zwei Jahre, bevor er in Caputh den »Tümmler« bekam, in den ein Hilfsmotor als Flautenschieber eingebaut war. Man muß also annehmen, daß Einstein damals ein Segelboot ohne Hilfsmotor benutzte, mit dem er in diese Schwierigkeiten geriet. Zu der Überanstrengung beim Rudern traten weitere Faktoren hinzu. Plesch spricht von einem strapaziösen Fußmarsch im Winter 1927/28 in der Schweiz bei hohem Schnee, wobei Einstein ein schweres Gepäckstück trug. Das wäre mehr gewesen, meint Plesch, als der Gesündeste ausgehalten hätte. Einstein schrieb später an seinen Freund Michele Besso, daß er im Frühjahr 1928 »nahe am Abkratzen« war. Und als Helene Dukas sich ihm Mitte April 1928 als Privatsekretärin vorstellte, empfing er sie, wie sein Biograph Carl Seelig berichtet, mit den Worten: »Hier liegt eine alte Kindsleich.«

HW: Herr Professor war damals ernsthaft erkrankt, und wir hatten alle große Sorge um ihn.

FH: War Frau Elsa öfter krank? Sie ist ja schon verhältnismäßig früh gestorben, 1936.

HW: In Berlin eigentlich nicht. Ich kann mich jedenfalls nicht an eine längere Krankheit von Frau Professor entsinnen. Sie litt nach der Emigration anderthalb Jahre an Basedow, ehe sie starb. Margot hat ihre Mutter bis zuletzt gepflegt.

FH: Ihren Tod hat Einstein anscheinend bald überwunden. In einem Brief an Max Born schreibt er: »Ich habe mich hier vortrefflich eingelebt, hause wie ein Bär in seiner Höhle und fühle mich eigentlich mehr zuhause als je in meinem wechselvollen Leben. Diese Bärenhaftigkeit ist durch den Tod der mehr mit den Menschen verbundenen Kameradin noch gesteigert.« Born bemerkt dazu in seinem Kommentar: »Etwas merkwürdig ist, wie Einstein in eine knappe Schilderung seines Bärenlebens, in dem er sich zuhause fühlt, den Tod seiner Frau nebenbei anzeigt. Bei aller Freundlichkeit, Umgänglichkeit und Menschenliebe war er eben doch ganz unabhängig von seiner Umgebung und den dazugehörigen Menschen.« – Nach meiner Meinung waren bei diesem »etwas merkwürdigen« Verhalten Einsteins noch andere Faktoren mit im Spiel, über die wir später sprechen wollen. Und wie stand es um die Gesundheit der beiden Stieftöchter?

HW: Margot hatte viel mit der Galle zu tun. Bei Koliken mußte ich ihr heiße Wärmflaschen machen und Kamillentee kochen. Sie lag oft zu Bett. Frau Dr. Kayser, also Ilse, war immer etwas kränklich und sehr zart. Sie ist bald nach der Emigration in Paris gestorben. Zart war aber auch Margot, das waren beide Töchter.

FH: Noch zu den Stiefschwiegersöhnen Einsteins, Kayser und Marianoff. Sie sagten schon in unserem ersten Gespräch, daß Kayser Redakteur beim S. Fischer Verlag war. Welchen Eindruck hatten Sie von ihm?

HW: Er war einfach und bescheiden in seinem Auftreten und sehr sympathisch. Er kam immer gemeinsam mit seiner Frau zu Besuch.

FH: Verstand er sich mit seinem Schwager Marianoff?

HW: Ich glaube nicht, daß die beiden einen sehr engen Kontakt miteinander hatten. Ilse war ja auch schon vier Jahre verheiratet, als Marianoff ins Haus kam.

FH: Wurde Margots Hochzeit im Dezember 1930 besonders gefeiert?

HW: Ach, gar nicht. Man ging zum Standesamt, aber gefeiert wurde nicht. Die Eltern sind ja anschließend gleich nach Amerika gefahren, zu den Vorlesungen in Pasadena. Da war keine große Hochzeitsfeier, auch nicht im Haus. Wenn es überhaupt ein Festessen gegeben haben sollte, dann irgendwo in einer Gaststätte. Das wäre nicht ausgeschlossen. Davon weiß ich aber nichts.

FH: Wie Rudolf Kayser 1930, so hat Dimitri Marianoff 1944 eine Einstein-Biographie in englischer Sprache veröffentlicht. Von diesem Buch hat sich Einstein in einer Erklärung abgegrenzt. Als Begründung für seine »repudiation« führte er an, daß die Darstellung sehr viele unwahre Angaben enthalte. Das trifft zu. Insbesondere biographische Daten sind ungenau oder grob fehlerhaft. Einiges in der Biographie ist aber auch richtig. So schreibt Marianoff, daß ein kräftiges, blondes deutsches Mädchen ihm die Tür öffnete, als er zum erstenmal in die Haberlandstraße kam. Wörtlich: »A stout maid, blonde and German-looking.« Nach den Fotos, die ich von Ihnen aus der damaligen Zeit gesehen habe, trifft diese Personenbeschreibung zu. Merkte man an Marianoffs Aussprache, daß er Russe war?

HW: Ja, er sprach Deutsch mit einem Akzent.

FH: Als er 1944 eine Einstein-Biographie herausbrachte, war er von Margot bereits sieben Jahre geschieden. Das geht aus einem Brief Einsteins an Max Born hervor.

HW: Margot teilte mir gleich in einem ihrer ersten Briefe nach dem Krieg mit, daß sie seit 1937 wieder ihren früheren Namen trägt. Aber ich möchte hierzu noch folgendes sagen: Das Verhältnis von Herrn Professor zu Dr. Marianoff war von Anfang an nicht so wie sein Verhältnis zu Dr. Kayser. Es kann mit diesem überhaupt nicht verglichen werden. Das war viel familiärer und herzlicher. Ich glaube auch nicht, daß Herr und Frau Professor mit der Heirat der Margot so ganz einverstanden waren. Jedenfalls hatte ich damals nicht das Gefühl, daß ihre Freude darüber besonders groß war. Aber Margot war in der ersten Zeit sehr glücklich. Marianoff war ein eleganter Mann. Er hatte aber wohl nebenbei noch Bekanntschaften. Denn als beide bereits nach Paris geflüchtet waren, kamen immer noch Rechnungen von Blumengeschäften für Geschenke, die Dr. Marianoff gemacht hatte. Das mußte alles bezahlt werden. Zu mir war er immer freundlich und aufmerksam. Er brachte mir auch oft einen Leckerbissen mit, wenn er an dem Russischen Laden vorüberkam.

FH: Marianoff wird in Biographien als Journalist oder Schriftsteller bezeichnet. War er freischaffend tätig oder bei einem Verlag oder einer Presseagentur angestellt?

HW: Darüber kann ich nichts sagen. Ich weiß nur, daß er viel in Künstlerkreisen verkehrte. Er hat mir oft Theater- und Kinokarten zu Premieren geschenkt, und ich bin da auch immer hingegangen. Er gab mir jedesmal zwei Karten, damit ich mir jemand mitnehmen konnte.

FH: Wie Sie mir schon vor Jahren erzählten, machten Marianoff und Margot nach ihrer Verheiratung eine Reise in die Sowjetunion.

HW: Ja, es war gleich nach ihrer Eheschließung. Möglicherweise war es eine Dienstreise, die gleichzeitig ihre Hochzeitsreise war.

FH: Haben die beiden nach ihrer Rückkehr über ihre Reiseeindrücke berichtet oder Ihnen Fotos gezeigt?

HW: An Fotografien kann ich mich nicht errinnern. Margot sagte mir nur, es sei alles sehr schön in Moskau, aber man merke doch noch große Unterschiede. An diese Äußerung kann ich mich genau erinnern. Ich gewann daraus den Eindruck, daß sie nicht nur in Moskau waren, sondern auch andere Städte besuchten.

FH: Erlauben Sie mir einen Gedankensprung! Ich habe mich noch gar nicht erkundigt, ob Sie als Hausangestellte eine besondere Dienstkleidung tragen mußten.

HW: In Berlin trug ich am Vormittag meine eigenen Kleider, am Nachmittag mußte ich ein schwarzes Kleid anziehen und ein weißes Häubchen aufsetzen, um Besucher empfangen zu können. Es war ein schwarzes Kleid mit einem weißen Kragen, dazu ein weißes Schürzchen und Häubchen. Das war damals so üblich. Wenn wir größere Gesellschaften hatten, dann trug ich ein besonders kokettes Schürzchen. Darauf hat Frau Professor immer sehr viel Wert gelegt. Das habe ich alles bekommen, das brauchte ich mir nicht anzuschaffen.

FH: Und in Caputh? Waren Sie da am Nachmittag auch so förmlich gekleidet, mit schwarzem Kleid und weißem Häubchen? Da kamen ja auch oft vornehme Gäste.

HW: In Caputh war es nicht so. Dort trug ich meine Sommerkleider, aber natürlich auch eine weiße Schürze, wie sich das eben gehörte.

FH: Sie sagten schon, daß Sie von Frau Elsa gut behandelt wurden. Können Sie mir ein besonderes Beispiel dafür nennen?

HW: Frau Professor kaufte mir einmal zu Weihnachten einen langhaarigen Fuchs. Sie hatte es gut gemeint, aber

102

sie sah dann wohl an meinem Gesicht, daß das Geschenk nicht nach meinem Geschmack war. Ich sagte auch ganz offen: »Das gefällt mir nicht. So was trage ich nicht.« Das hat sie mir nicht übelgenommen. Sie ist mit mir zum Kürschner gegangen, wo sie die Fuchsboa gekauft hatte, und dann durfte ich mir eine Garnitur von Opossum für einen Mantel aussuchen. Das war sicher kein schlechter Zug von ihr. Sie hätte ja auch davon ausgehen können: Wenn sie mir den Fuchs schon schenkt, so müßte ich ihn auch tragen. Sie nahm mir auch kleine Mißgeschicke nicht übel, wie sie im Haushalt gelegentlich vorkommen. Ich entsinne mich, wie ich einmal in Caputh auf der Terrasse eine Erdbeertorte vom Tisch schlug, als ich eine Wespe verjagen wollte. Mir war der Vorfall sehr unangenehm, und ich ärgerte mich über meine Ungeschicklichkeit. Aber Frau Professor machte mir keine Vorhaltungen, und sie lachten alle darüber.

FH: Und Einstein lachte natürlich auch.

HW: Herr Professor war gerade nicht anwesend. Als er aber nachher davon erfuhr, da lachte auch er laut und herzlich, weil ich die Wespe so gründlich verjagt hatte, daß gleich die ganze Torte mit hinüber war.

FH: Plesch hat schon recht, wenn er schreibt, daß Einstein lachen konnte »über die harmlosesten Dinge«.

HW: Aber jetzt fällt mir etwas ein, was ich vorhin beim Thema Zeitungsabonnement vergessen habe und nun nachtragen möchte: Herr Professor hielt die Zeitschrift »Das Neue Rußland«. Als ich ihm sagte, mein älterer Bruder würde gern diese Zeitschrift lesen, hat Herr Professor gleich veranlaßt, daß meinem Bruder regelmäßig ein Heft zugesandt wurde. Zwei dieser Hefte hat mein Bruder über die Nazizeit gerettet. Er mußte damals ja alles derartige Material verstecken. Aber diese beiden Hefte blieben ihm. Kürzlich zeigte er sie mir. Auf der Titelseite eines der Hefte sieht man ein Bild von Maxim Gorki.

FH: In anderen Heften dieser Zeitschrift, die das Organ der »Gesellschaft der Freunde des Neuen Rußland« war und der sachlichen Aufklärung über die kulturellen und wirtschaftlichen Strömungen in der Sowjetunion dienen sollte, gibt es Fotos, die Einstein bei Vortragsveranstaltungen der Freundschaftsgesellschaft in Berlin zeigen. Man sieht ihn da neben dem sowjetischen Geochemiker A. J. Fersman und dem langjährigen Minister für Volksbildung der Sowjetunion, dem Kunstwissenschaftler A. W. Lunatscharski, mit dem er näher bekannt war.

Einstein hatte die Gesellschaft der Freunde des Neuen Rußland 1923 mitbegründet, und er beteiligte sich als Mitglied des Vorstandes aktiv an ihrer Arbeit. Wie Bilddokumente beweisen, saß er manchmal im Präsidium. Auch die Schriftsteller Alfred Döblin und Thomas Mann, die Verleger Samuel Fischer und Ernst Rowohlt, der Regisseur und Theaterleiter Leopold Jeßner, der Maler Max Pechstein, der Architekt Bruno Taut, der Zoologe Julius Schaxel und der Funktechniker Graf von Arco – um nur einige zu nennen – gehörten dieser Gesellschaft an. Es war in ihr also ein breites Spektrum von geistigen Berufen vertreten, deren Träger dem Antisowjetismus widerstanden, der in der Weimarer Republik weit verbreitet war und mit dem Aufkommen des Hitlerfaschismus immer stärker um sich griff. Graf Arco, ein namhafter Erfinder und Organisator auf dem Gebiet der Rundfunktechnik, feierte 1929 seinen sechzigsten Geburtstag in politisch-demonstrativer Weise in Moskau.

In einem Heft der Zeitschrift »Das Neue Rußland« wird über einen Vortrag berichtet, den Lunatscharski im November 1931 in der Berliner Sinkakademie, dem heutigen Maxim Gorki Theater, unter dem Titel »Die kulturellen Erfolge der Sowjetunion« gehalten hat. In seinen Ausführungen ging der Redner auch auf Einsteins Stellung zum Aufbau des Sozialismus im Sowjetland ein. Er sagte: »Der große Physiker Albert Einstein hat einmal sehr geistreich zu mir gesagt: ›Ich glaube in erster Linie an das Experiment. In der Aufbautätigkeit der Kommunisten in Rußland erblicke ich ein Experiment von gewaltigem Ausmaß. Hierbei bin ich der Ansicht, daß es unter den ungünstigsten Verhältnissen, in einem armseligen Laboratorium, ausgeführt wird. Sollte es daher mit einem Mißerfolge endigen, so würde das für mich, als Naturforscher, noch nicht die Unmöglichkeit eines Erfolges des gleichen Versuchs in einem reicher ausgestatteten Laboratorium beweisen. Dagegen würde ein Erfolg in Rußland den untrüglichen Beweis für die Richtigkeit der Voraussetzungen bedeuten, von denen ausgegangen wurde.‹ «

Außer in der Gesellschaft der Freunde des Neuen Rußland war Einstein in der sowjetisch-deutschen Gesellschaft »Kultur und Technik« tätig. Er hatte im Herbst 1923 ihre Schaffung mit angeregt, und man hat ihn dann zum Ehrenvorsitzenden der Gesellschaft ernannt. Regen Anteil nahm Einstein auch an der »Russischen Naturforscherwoche« in Berlin, die im Juni 1927 in den Räumen der Universität veranstaltet wurde. Auf ihr traten namhafte sowjetische Gelehrte als Vortragende auf, unter ihnen die Physiker A. F. Joffe und P. P. Lasarew.

FH: Zu Ihrer Zeit machte Einstein mehrere große Auslandsreisen. Er fuhr vor allem nach Pasadena zu seinen Gastvorlesungen am »Caltech«. Aber auch sonst war er viel unterwegs zu Vorträgen und Kongressen, besonders in Belgien, Holland und England. Die Winterreise nach Pasadena wurde zweimal wiederholt.

HW: Das erste Mal hätte ich mitfahren können oder sogar sollen. Frau Professor wollte gern, daß ich mitkomme, damit sie im Haushalt eine Hilfe hat. Ich konnte mich aber nicht dazu entschließen. Heute bedaure ich das sehr, denn ich hatte später zu einer so weiten Reise nie wieder Gelegenheit.

FH: Und ich bedaure es auch, denn dann könnten Sie nun gewiß von manch interessantem Erlebnis mit den Einsteins berichten. An Ihrer Stelle ist Fräulein Dukas mitgefahren.

HW: Sie war als Sekretärin für Herrn Professor doch sicherlich wichtiger. Aber ich war von dem Vorschlag auch deshalb nicht begeistert, weil ich kein Wort Englisch verstand.

FH: Das wäre kein triftiger Grund für eine Ablehnung gewesen. Einstein konnte damals auch noch nicht viel Englisch, obwohl er sich seit 1913 um das Erlernen dieser Sprache bemühte. Selbst später, als er schon mehrere Jahre in Princeton lebte, schätzte sein damaliger Mitarbeiter Leopold Infeld den englischen Wortschatz Einsteins auf nicht mehr als dreihundert Worte. Mit Fachkollegen, die nicht Deutsch konnten, verständigte sich Einstein, wie Infeld es ausdrückte, »in einer Sprache, die er für Englisch hielt«. In der von Helene Dukas mitverfaßten Biographie »Albert Einstein – Schöpfer und Rebell« wird Einsteins gesprochenes Englisch als »drollig« bezeichnet. Um sein geschriebenes Englisch stand es wohl noch schlimmer. Als Max Born während des zweiten Weltkrieges mit seinem Freund in englischer Sprache korrespondieren wollte, antwortete Einstein: »Englisch kann ich nicht schreiben von wegen der hinterhältigen Orthographie. Wenn ich lese, höre ich es vor mir und erinnere mich nicht, wie das Wortbild aussieht.« Die Texte in englischer Sprache, die als Faksimile veröffentlicht wurden, zeigen Einsteins große Unsicherheit in der englischen Rechtschreibung. Aber auch das Französische bereitete ihm offenbar Schwierigkeiten, obwohl er darin besser zu Hause war. Romain Rolland vermerkte 1915 nach einer Begegnung mit Einstein in seinem Tagebuch: »Es fällt ihm

106

schwer, Französisch zu sprechen, und er vermischt es mit deutschen Ausdrücken.« Plesch hat also recht, wenn er meint, daß Einstein »kein Sprachtalent« war.

HW: Ich hatte den Eindruck, daß Herr Professor mit fremden Sprachen nicht gut zurechtkam. Denn wenn Ausländer zu Besuch waren, hat Frau Professor den größten Teil der Unterhaltung bestritten. Sie hat dann auch als Dolmetscherin gewirkt. In Fremdsprachen war sie wohl viel mehr bewandert als er.

FH: Wenn ich mich recht erinnere, erwähnten Sie einmal, daß sich Einstein für Esperanto interessierte.

HW: Dafür hat Herr Professor sehr viel übrig gehabt, für diese Sprache, die als Verständigungsmittel für alle dienen sollte. Da wurde in der Haberlandstraße oft von gesprochen. Daher ist mir Esperanto überhaupt ein Begriff.

Die Frage einer künstlichen Weltsprache, die als internationale Hilfssprache dienen konnte, hat man in jenen Jahren noch lebhaft erörtert, wenn auch nicht mehr so stark wie vor dem ersten Weltkrieg. Damals war der Chemiker und Nobelpreisträger Wilhelm Ostwald nachdrücklich für ein verbessertes Esperanto, das »Ido«, eingetreten und hatte dessen Anwendung in der wissenschaftlichen Literatur propagiert. Zumindest die Zusammenfassungen der Artikel in den Fachzeitschriften sollten in diese künstliche Sprache übersetzt werden. Er hatte mit diesem Vorschlag jedoch keinen Erfolg.

FH: War Einstein denn auch selbst Esperantist, hat er Esperanto erlernt und gesprochen?

HW: Das kann ich leider nicht sagen. Aber ich weiß, daß Herr Professor sich sehr stark dafür interessierte.

FH: Durch unsere Betrachtungen über Einsteins Schwierigkeiten mit den natürlichen Fremdsprachen und über sein Interesse für Esperanto verloren wir die erste Reise nach Pasadena ganz aus den Augen. Gab es vor der Reise Aufregung im Haus, ein Reisefieber?

HW: Das erste Mal schon, später nicht mehr. Aber Herr Professor hat sich um die Reisevorbereitungen nicht gekümmert. Das Kofferpacken besorgte Frau Professor allein, und ich habe ihr dabei geholfen. Für längere Reisen hatten die Einsteins große Schrankkoffer, in die man die Kleider und Anzüge auf Bügel hängen konnte. Bei ihrer Rückkehr aus Pasadena im März 1931 waren diese Koffer viel mehr gefüllt als bei der Abreise. Damals habe ich Herrn Professor zum ersten Mal so richtig in Schale gesehen. Auch auf den Fotos, die nachher rumgezeigt wurden, erkannte man, wie elegant er wirkte, wenn er entsprechend gekleidet war. Wie ich hörte, brachte man Herrn Professor vor der Abreise aus Amerika mehrere Kisten mit Apfelsinen an Bord und einen ganzen Sack voll Rohkaffee. Von Caputh aus wurde der dann in Potsdam nach und nach gebrannt. Das hat Frau Professor organisiert. Der Kaffee wurde immer so zwanzigpfundweise gebrannt. Es gab beim Brennen natürlich Verlust an Gewicht, aber gut zehn Pfund blieben dabei jedesmal übrig. Wenn gebrannt wurde, habe ich immer zwei Pfund gekriegt, und an meine Mutter wurde auch ein Päckchen geschickt. Herr Professor, der sich sonst nur seinen koffeinfreien Kaffee machte, trank nun nachmittags gelegentlich auch mal eine Tasse Bohnenkaffee.

FH: Sicherlich brachten Ihnen die Einsteins von ihrer Reise ein hübsches Andenken mit.

HW: Ja, eine Handtasche.

FH: Für heute nochmals eine Rückfrage zur Wohnung in der Haberlandstraße. Auf dem Flügel im Salon soll eine Schale gestanden haben, die Porträtfotos von Einstein mit seiner Unterschrift enthielt. Sie waren für Besucher bestimmt, die sich von ihm ein Bild mit Autogramm wünschten. Gab es das wirklich?

HW: Zu meiner Zeit nicht. Das müßte vorher gewesen sein. Ich weiß nur, daß auf dem Flügel eine seidene Fransendecke lag, und darauf stand eine große Vase. Sie war aber nicht mit Blumen gefüllt.

FH: Solch ein Angebot von Fotos mit Unterschrift hätte vielleicht gut zur Wesensart von Frau Elsa gepaßt, aber schlecht zu Albert Einstein, der den »Personenkultus« – wie er es nannte – verabscheute. Auf Leute, die von ihm ein Foto mit einem »Kritzel« haben wollten, machte er ein ironisches Gedicht. Es lautet:

> »Wo ich geh und wo ich steh,
> Stets ein Bild von mir ich seh,
> Auf dem Schreibtisch, an der Wand,
> Um den Hals an schwarzem Band.
> Männlein, Weiblein, wundersam,
> Holen sich ein Autogramm,
> Jeder muß ein Kritzel haben
> Von dem hochgelehrten Knaben.
> Mensch, so frag in all dem Glück
> Ich im rechten Augenblick,
> Bist verrückt du etwa selber,
> Oder sind die andern Kälber?«

HW: Dieses Gedicht kenne ich schon aus einem Ihrer Bücher.

FH: Ich habe es in meiner Einstein-Biographie 1963 zitiert aus einer Schrift zu Einsteins fünfzigstem Geburtstag. Sie wurde im März 1929 in Berlin unter dem Titel »Gelegentliches von Albert Einstein« als Privatdruck einer Buchgesellschaft in einer einmaligen Auflage von achthundert Exemplaren herausgebracht. Die Einbandvignette – Einsteins Kopf im Profil – stammt von Margots Lehrer, Kurt Harald Isenstein, der auch eine Einsteinbüste schuf. Hier ist das Bändchen. Ich hab's vor vielen Jahren in einem Antiquariat für zwei oder drei Mark erworben. Heute ist es eine bibliophile Kostbarkeit. Es enthält sehr bemerkenswerte Äußerungen Einsteins, auch zu forschungspsychologischen und ideologischen Fragen. Dabei wird sein erstaunlicher Weitblick sichtbar, es zeigen sich aber auch die Grenzen seines politischen Verständnisses. Uneingeschränkt gültig jedoch ist die These, die Einstein angesichts der wissenschaftsfeindlichen Zustände im faschistischen Italien formuliert hat: »Die Diktatur bringt den Maulkorb und dieser die Stumpfheit. Wissenschaft kann nur gedeihen in einer Atmosphäre des freien Wortes.«

Viertes Gespräch

---

*Sommerhaus
und Segelboot in Caputh*

Bedauernswerter Magistrat von Groß-Berlin
Zügige Bautätigkeit am Waldhang
Geruch wie in einem Sägewerk
Blaue Lobelien und weiße Petunien
Blumen aus der Schloßgärtnerei Sanssouci
Trompetensignale
Die Legende vom Sonntagsgärtner
Fragliche Holzskulptur mit Zwergen und Vögeln
Purzel und Peter in bester Eintracht
Umstrittenes Geigenspiel
Jollenkreuzer mit Flautenschieber
Bootsfahrten mit Fachkollegen
Onkel Einstein als Tante
Eine blonde Freundin
Die wunderbaren Vanillekipferln
Frau Elsas Kummer
Vor dem Wahlplakat der SPD
Anna Seghers und der Gurkensalat
Vortrag in der MASCH
Brecht in Caputh?
Ungebetene Wintergäste im Sommerhaus
Flackerndes Kaminfeuer...

FH: Sie erzählten mir, daß die Einsteins bereits im Frühjahr und Sommer 1929, noch bevor das Blockhaus be-
zugsfertig war, in Caputh wohnten.

HW: Als das Haus gebaut wurde, wohnten wir in der Potsdamer Straße, den ganzen Sommer 1929 über. Es war ein
altes Haus mit einem großen Garten. Ein altes Haus war
es auch insofern, als es da kein Gas gab. Ich mußte beim
Kochen auf einem Kohleherd mit zwei kleinen Löchern
auskommen. Das Haus lag direkt am Wasser. Wenn man
von Potsdam kommt, auf der rechten Seite. Frau Professor ist viel raufgegangen zur Baustelle am Waldhang, um
den Fortgang der Arbeiten zu kontrollieren. Ich war auch
mit dort, sogar ziemlich oft.

FH: Lernten Sie beim Besuch der Baustelle den Architek-
ten kennen?

HW: Ich kann mich nur daran erinnern, daß sich Frau
Professor mit dem Bauleiter der Firma aus Niesky unterhalten hat.

FH: Es wurde offenbar zügig gebaut.

HW: Der Bau ging sehr rasch voran. Ich bilde mir ein, daß
wir noch im Herbst 1929 nach oben gezogen sind. Es roch
da alles so wunderbar nach dem frischen Holz, das für die
Täfelung der Wände verwendet wurde. Daran erinnere ich
mich noch sehr gut.

FH: Antonina Vallentin bestätigt Ihre Erinnerung. Sie
schreibt, offenbar aus eigener Kenntnis, das Blockhaus sei
im Oktober 1929 fertig geworden. »Das große Wohnzimmer war mit hellen, dünnen Latten getäfelt, wie man sie
für Jalousien verwendet.« Und weiter: »Das Haus roch
wie ein Sägewerk nach frischem Holz.«

HW: So habe ich es auch in Erinnerung.

FH: Ein paar Fragen zur Vorgeschichte des Hauses. Sie
kennen ja meinen Artikel »Albert Einstein und das politische Schicksal seines Sommerhauses in Caputh bei Potsdam«. Er erschien zuerst in einer wissenschaftshistori-

112

schen Zeitschrift und dann in etwas erweiterter Fassung in meinem Sammelband »Einstein und sein Weltbild«. Auf der Grundlage von Archivalien und mündlichen Aussagen legte ich darin die Geschichte des Einstein-Hauses dar. Nun möchte ich gern hören, was Ihnen über die Vorgeschichte des Hauses bekannt war. Wurde im Familienkreis darüber gesprochen, daß dem Professor zu seinem fünfzigsten Geburtstag von der Stadt Berlin ein Haus am Wasser oder ein unbebautes Grundstück geschenkt werden sollte? Hörten Sie auch von den Vorschlägen, die der Magistrat der Reihe nach gemacht hat, die sich aber alle nicht verwirklichen ließen, weil die Stadt über diese Liegenschaften nicht frei verfügen konnte? Schließlich schlug man Einstein vor, sich selbst ein geeignetes Grundstück zu suchen, das die Stadt Berlin dann ankaufen und ihm schenken wollte. Frau Elsa fand es in Caputh. Die Parzelle gehörte einem Baumeister, der nebenan bereits sein Sommerhaus hatte. Haben Sie von all dem erfahren?

HW: So im einzelnen nicht. Aber ich weiß, daß viel von den Zeitungsmeldungen über das beabsichtigte Geburtstagsgeschenk der Stadt Berlin gesprochen wurde. Es gab da auch manche Aufregung. Herr Professor war sehr böse darüber, daß sich das alles so lange hinzog und immer wieder neue Hindernisse auftraten. Darüber hat man in Gesprächen sogar geschimpft, in der Haberlandstraße ebenso wie draußen in Caputh, als wir im Frühjahr 1929 dort in der Potsdamer Straße wohnten. Daran kann ich mich gut erinnern. Die ganze Vorgeschichte, die nach Ihrer Darstellung ja ziemlich kompliziert war, kannte ich damals aber nicht.

FH: Zu der Parzelle, die der Magistrat schenken wollte, kauften die Einsteins von der staatlichen Forstverwaltung noch einen Landstreifen hinzu, nach oben, zum Fahrweg also. Auf diesem Gelände wurde dann das Haus errichtet.

HW: Von diesem zusätzlichen Landkauf habe ich damals nichts gehört. Mir ist aber so dunkel in Erinnerung, daß später das lange und schmale Stück, das das Grundstück mit der Waldstraße verbindet, hinzugekauft wurde. Ganz zu Anfang war das Grundstück nämlich nur von oben zugänglich, vom Fahrweg aus. Von der Waldstraße konnte man das Haus anfangs nicht erreichen. Der Hang, rechts und links von den Stufen, die von der Haustür zum Fahrweg führten, wurde mit kleinen Kiefern bepflanzt, damit alles einen waldmäßigen Charakter bekam.

FH: Sie haben den Bau des Blockhauses ja vom Fundament an miterlebt und das Haus dann einige Sommer hindurch mitbewohnt. Sie können gewiß die Raumanordnung beschreiben.

HW: Wenn man vom Fahrweg runterkam, mußte man einige Stufen wieder hochgehen zum Eingang. Dann trat man in einen verhältnismäßig langen, quer verlaufenden Korridor, der mit dunklen und hellen Fliesen schachbrettartig ausgelegt war. Rechter Hand kam man in die Küche und geradeaus in den großen Wohnraum. Links ging es unter der Treppe, die zum Obergeschoß führte, in den Keller. Da stand ein Zentralheizungsofen. Es war Koksheizung, wie damals noch üblich. Ich mußte ständig heizen, auch im Hochsommer, damit es immer warmes Wasser gab. Herr Professor nahm täglich am Morgen ein Wannenbad, wie in Berlin, und Frau Professor auch. Warmes Wasser war aber auch in der Küche zum Gehirrspülen notwendig. Der Heizungskessel wurde von einem Mann aus Caputh in Betrieb gesetzt, und ich brauchte nur durch Nachlegen von Koks dafür zu sorgen, daß das Wasser warm war. An diesen großen Ofen erinnere ich mich noch sehr genau, weil ich ja immer Koks hineingeschüttet habe.

FH: Nach den Grund- und Aufrissen, die der Architekt Konrad Wachsmann 1930 in seinem Buch »Holzhausbau«

114

veröffentlichte, hatte das Haus insgesamt sechs Wohn-
räume, einen offenen Gartensaal und zwei Terrassen. Die
untere war überdacht, die obere frei. Dazu kamen Nebenräume wie Küche, Bad usw. Darf ich Sie bitten, die einzelnen Räume und ihre Einrichtung zu beschreiben.
HW: Ging man den Korridor nach links entlang, lag ganz
hinten in der Ecke das Zimmer von Herrn Professor, sein
Arbeitszimmer und zugleich sein Schlafraum. In einer Nische, die mit einem Vorhang verschlossen werden konnte,
war, links von der Tür, sein Bett, ein richtiges Bett, keine
Couch oder Liege. Vor dem Fenster stand ein einfacher
glatter Schreibtisch mit einer Schublade, an der Wand
rechts ein ziemlich breites offenes Regal mit Büchern,
Sonderdrucken usw. Auch die Geige lag meistens in diesem Regal. Die Schränke waren hier, wie in den anderen
Räumen, eingebaut. Vor dem Zimmer von Herrn Professor das Bad, es hatte ein rundes Fenster. Dann kam das
Zimmer von Frau Professor. Auch hier stand das Bett in einer Nische, und dann war noch ein kleiner Damenschreibtisch da. Daran anschließend das Wohnzimmer, von dem
ich schon sprach. Die dreiflügelige Glastür war meistens
geöffnet. Man kam durch sie auf die untere, überdachte
Terrasse. Es war eine schöne, geräumige Terrasse, wo man
bequem sitzen konnte. Da standen immer Sessel und Liegestühle. Von der Terrasse führten drei oder vier Stufen
zum Garten, der war treppenförmig wie ein Steingarten.
Durch die Mitte des Grundstücks ging ein befestigter Geh-
weg. Wenn wir im Frühjahr rauskamen, war ein weiß-
blauer Teppich von Arabis und Vergißmeinnicht da. Dieses Bild sehe ich heute noch. Das war immer sehr hübsch.
Auch Osterglocken gab es zwischen den roten Primeln
und überhaupt viele Frühjahrsblüher. Besonders gut erinnere ich mich an die Blumen im Gartensaal und auf der
unteren Terrasse, weil ich sie ja gepflegt habe. Im offenen
Gartensaal unter dem großen Wohnraum, im Schatten

also, waren immer Fuchsien gepflanzt, und auf der Terrasse darüber, in der Sonne, blaue Lobelien und weiße Petunien, abwechselnd miteinander. Es war ein wunderschönes Gemisch von Blau und Weiß.

FH: Wurde denn das Sommerhaus schon so zeitig im Frühjahr bezogen?

HW: Sobald Herr und Frau Professor aus Pasadena zurückkamen, Ende März, waren wir meistens nicht mehr lange in der Stadtwohnung. Da ging's bald 'raus nach Caputh, und da blieben wir manchmal bis Anfang November oder noch länger. Wenn sich das Laub so richtig gelb färbte, waren wir immer noch draußen. Die Rückkehr nach Berlin wurde rausgezögert, so lange es nur ging.

FH: Rudolf Kayser schrieb 1930 in seiner Einstein-Biographie, Einstein hätte an seinem Sommerhaus so großen Gefallen gefunden, daß er anfangs sogar daran dachte, seinen Wohnsitz nach Caputh zu verlegen. Halten Sie das für möglich?

FH: Durchaus. Herr Professor war wirklich ganz begeistert von dem Haus, das so schön am Waldhang lag, mit einem weiten Ausblick auf die Havelgewässer.

FH: Aus verschiedenen Gründen, vor allem wohl wegen seiner Verpflichtungen in Berlin, hat Einstein dieses Vorhaben dann doch nicht verwirklicht. Aber bitte setzen Sie die Beschreibung der Räume fort. Zunächst interessiert noch das große Wohnzimmer.

HW: Wenn man vom Flur in den Wohnraum reinkam, waren links der Kamin, davor ein länglicher rechteckiger Tisch – nicht oval – und ein paar Sessel. In der Mitte des Raumes stand ein großer runder Tisch mit Stühlen, er war aus rohem Holz und hatte eine weiße Platte. Es war eben alles dem Landhausstil angepaßt. Zu den Mahlzeiten legte ich ein Tischtuch auf.

FH: Was gab es sonst im Wohnraum?

116

HW: Links von der Flügeltür zur Terrasse erinnere ich mich an drei oder vier Tischchen, die untereinandergeschoben waren. Die konnte man rausziehen, wenn man was abstellen wollte. An der Tür zur Terrasse stand rechts ein kleinerer Tisch, der als Ablage für Bücher und Zeitschriften diente. Der Fußboden war nur lackiert, nicht mit Farbe gestrichen. In der Mitte des Wohnraums lag ein rechteckiger Bast- oder Strohteppich, vielleicht war es auch eine Kokosmatte. Das ist der einzige Teppich gewesen, an den ich mich im Sommerhaus entsinnen kann.

FH: Antonina Vallentin will in diesem Wohnraum eine riesige japanische Holzskulptur gesehen haben. Es sollen Äste und Zweige eines Baumes gewesen sein, die mit Tieren und Zwergen bevölkert waren, eine kunstvolle Arbeit von der Feinheit einer Elfenbeinschnitzerei, angeblich das Geschenk eines exotischen Bewunderers für Einstein. In der Haberlandstraße – meint Antonina – hätte er die Skulptur nicht unterbringen können, in Caputh war sie aber noch weniger am Platze. Können Sie sich an ein derartiges Monstrum erinnern? Mit Zwergen und Tieren auf Baumzweigen?

HW: An so was kann ich mich wirklich nicht erinnern.

FH: Nehmen wir also an, daß da irgendeine Verwechslung unterlaufen ist. Aber sagen Sie bitte noch etwas zu den oberen Zimmern.

HW: Wenn man die Treppe zum Obergeschoß raufkam, stand man vor dem Gästezimmer. Es wurde meistens von dem Ehepaar Kayser bewohnt. Gelegentlich wohnten hier aber auch Besucher, wie Professor Ehrenhaft mit Gattin aus Wien oder der ältere Sohn Hans Albert mit seiner Frau. Im Zimmer standen zwei Betten, angrenzend war ein Waschraum mit einer Sitzbadewanne. Nach diesem Zimmer kam das etwas kleinere Zimmer, das Margot bewohnte, wenn sie in Caputh war. Ihr Mann war wenig draußen. Hier arbeitete auch manchmal die Hausschneiderin. Anschließend folgte ein kleiner Raum, das war mein Zimmerchen. Es hatte ein Fenster zur oberen Terrasse, die als Sonnenterrasse gedacht war. Sie war mit Holzplanken belegt. Man konnte dort oben neben meinem Zimmer die Terrasse betreten, aber auch von unten hochgehen, über eine Außentreppe mit weiß gestrichenem Geländer. Auch um die obere Terrasse war ein weißlackiertes Holzgeländer. Auf dieser Terrasse haben vor allem Ilse und Margot viel gelegen. Die Liegestühle wurden dann immer zum Sonnen rausgestellt. Sie standen nicht ständig dort.

FH: Vermutlich hatte das Grundstück eine eigene Trinkwasserversorgung, wie wir es heute auf größeren Grundstücken antreffen. Oder gab es oben am Waldrand damals bereits eine Wasserleitung?

HW: Da war eine richtige Wasserleitung, und es gab auch elektrisches Licht und Stadtgas. In der Küche hatte ich einen Gasherd wie in der Stadtwohnung.

FH: Sagen Sie doch noch etwas über die Beleuchtungskörper. Gab es irgendwo farbiges Effektlicht oder eine schmiedeeiserne Außenlaterne auf der Terrasse?

HW: Es war nicht so, wie man es jetzt auf Wochenendgrundstücken oft sieht. Wenn ich mich recht entsinne, waren auf der Terrasse kugelförmige Leuchten. In den Räumen hingen vielfach Schalen an der Decke. Auf dem Schreibtisch von Herrn Professor, dicht am Fenster, das bis auf den Fußboden runterging, stand eine einfache Schreibtischlampe mit einem flachen Porzellanschirm, so wie das damals üblich war.

FH: Hat Einstein viel in seinem Zimmer gearbeitet?

HW: Ganz ungeregelt wie in Berlin. Manchmal blieb er stundenlang in seinem Zimmer und arbeitete dort. Manchmal ist er schon ganz früh 'raus aufs Wasser, oder er ging im Wald spazieren, meistens allein. Im Sommer und Herbst brachte er aus den umliegenden Wäldern immer viele Pilze mit, vor allem Steinpilze und Maronen.

FH: Kam Fräulein Dukas regelmäßig nach Caputh zur Erledigung der Schreibarbeiten?

HW: Ziemlich regelmäßig, aber nicht täglich.

FH: Wo saßen die Gäste und die Besucher?

HW: Im Wohnzimmer und bei schönem Wetter auf der großen Terrasse. Mit besonders vertrauten Besuchern, vor allem mit Fachkollegen wie Geheimrat Planck oder Professor von Laue, ging Herr Professor auch in sein Zimmer. Im Wohnzimmer haben sich vor allem die Mahlzeiten abgespielt. Mit einzelnen Gästen ist Herr Professor spazierengegangen, um ihnen die schöne Landschaft zu zeigen, oder er segelte mit ihnen auf dem Templiner See.

FH: An dieser Stelle müssen wir nun etwas zum Segelboot sagen, das Einstein anläßlich seines fünfzigsten Geburtstages von reichen Berliner Freunden, von Bankiers, als Geschenk erhielt. In Biographien kann man lesen, daß das Boot geliefert wurde, als das Haus am Waldhang bereits bezogen war.

HW: Das kann so gewesen sein. Denn ich weiß noch ziemlich genau, wie ich vom Haus oben zum Anlegesteg runtergegangen bin, um mir das Boot anzuschauen. Der Erbauer des Bootes hieß Harms. Er hat Herrn Professor das Boot persönlich überbracht. Ich nehme an, daß von ihm auch die Aufnahme stammt, die ich hier habe.

FH: Das Foto zeigt Einstein als stolzen Eigentümer vor seinem Boot. Auf der Rückseite des Bildes steht: »Zur Erinnerung an den Konstrukteur des Tümmler. Adolf Harms.« Wie ich aus Dokumenten weiß, wurde das Boot in einer Werft in Friedrichshagen am Müggelsee für Einstein gebaut. Es war keine Serienfertigung.

HW: Das wußte ich bisher nicht. Aber ich weiß, daß das Boot »Tümmler« hieß. Das war der Tümmler.

FH: In Einsteins Leben in Caputh spielte dieses Boot eine große Rolle. Er hat es später, in der Emigration, schmerzlich vermißt. Könnten Sie es näher beschreiben?

HW: Ja, natürlich, ich habe es ja immer saubergemacht, dadurch lernte ich es genau kennen. Es hatte eine schöne Inneneinrichtung. Wenn man reinkam vom Deck, war erst ein Schränkchen da mit Geschirr und Bestecken für zwei oder drei Personen und auch eine Kochgelegenheit. Auf der anderen Seite lag gleich neben dem Einstieg die Toilette. Dann folgten die beiden Schlafbänke, die durch den Mittelgang voneinander getrennt waren. Nach meiner Erinnerung hatten sie Kunstlederbezug. Man hätte in dem Boot übernachten können, denn es waren Betten oder Decken vorhanden. Herr Professor hat dort aber nicht übernachtet. Ich möchte noch nachtragen, daß am Heck ein Hilfsmotor eingebaut war.

FH: Nach einem Foto hatte das Boot seitlich drei ovale Fenster, nach Art von Bullaugen.

HW: Es war ein schönes, komfortabel eingerichtetes Boot.

FH: Nach der polizeiamtlichen Beschreibung, die bei seiner Beschlagnahme im August 1933 angefertigt wurde, war das Boot ein Jollenkreuzer aus massivem Mahagoniholz. Er hatte eine Länge von etwa sieben Meter und eine Breite von etwa zweieinhalb Meter. Die Fläche des Segels wurde mit zwanzig Quadratmeter angegeben. Es war also ein ziemlich großes Boot. Einstein nannte es ja im April 1947 in seinem Brief an Sie »das dicke Segelschiff«.

HW: Das Boot war breit und lag sicher auf dem Wasser. In der Kajüte konnte man bequem stehen und sich bewegen.

FH: Kam Einstein denn immer rechtzeitig vor Einbruch der Dunkelheit zurück?

HW: Wenn eine Flaute war, wartete Herr Professor manchmal stundenlang im Schilf, bis er weitersegeln konnte. Den eingebauten Hilfsmotor stellte er nur selten an. Er ist da ins Schilf reingefahren, und dann vergaß er manchmal die Zeit. Er war eben oft sehr verträumt und in Gedanken versunken. So kam es vor, daß er mitunter erst spät heimkehrte und wir in Sorge um ihn waren. Ich erinnere mich daran, wie ich einmal mit Frau Professor bis zur Dampferanlegestelle in Caputh runtergegangen bin. Wir haben dort lange geguckt, ob man nichts von seinem Boot sieht. Jemand fuhr auch noch 'raus mit einem Angelkahn und hielt Ausschau nach ihm. Es gab öfter solche Aufregungen. Herr Professor segelte meistens auf dem Templiner See, auf dem Schwielowsee weniger.

FH: Sind auch Sie ab und zu mit ihm gesegelt? Hat er Sie vielleicht gelegentlich über den See nach Potsdam gebracht, wenn Sie Ihren freien Nachmittag hatten?

HW: Herr Professor hat mich wiederholt dazu eingeladen, ich sollte mal mitfahren, wenn ich frei hatte, weil ich das Boot ja immer saubergemacht habe. Aber ich bin nicht mitgesegelt. Ich habe das Bootfahren nicht gut vertragen, und mit dem Bus kam ich ja auch viel schneller nach Potsdam als mit dem Segelboot.

FH: Einige Biographen sind der Meinung, daß Einstein nicht schwimmen konnte. Das dürfte zutreffen. Als er jung war, lernte man schwimmen ja noch nicht so allgemein wie heute. Ist er aber nicht wenigstens baden gegangen? In Caputh gibt es doch einen flachen Badestrand, und es gab gewiß auch eine Badestelle in der Nähe.

HW: Herr Professor ging immer nur segeln. Oft mit nacktem Oberkörper und in einer blauen Trainingshose, marineblau möchte ich sagen, mit Sandalen, ohne Strümpfe. Auch ganz barfuß ging er manchmal zum Boot 'runter. In Caputh sagten sie scherzhaft, Professor Einstein ist der einzige, der hier barfuß läuft.

FH: Sind Sie baden gegangen? Hat Frau Elsa, haben die beiden Töchter im Templiner See gebadet?

HW: Wenn es schön war, ging ich jeden Abend baden. Da war das Wasser am wärmsten. Aber ich ging da immer nur allein oder mit meiner Kusine, wenn sie aus Berlin rüberkam. Die Einsteins gingen niemals mit. Ich glaube, daß

121

daß sie alle nicht schwimmen konnten. Ich sah auch nie einen Badeanzug zum Trocknen aufgehängt. Es könnte natürlich sein, daß sie an der Ostsee, wenn sie auf Hiddensee waren, gebadet haben. Das kann ich nicht beurteilen. In Caputh aber bestimmt nicht.

FH: Es gibt Berichte von Wissenschaftlern, die mit Einstein auf den Havelgewässern gesegelt sind. Max von Laue, der wiederholt mit Einstein segelte, meinte, Einstein habe auf sportliche Korrektheit beim Segeln wenig Wert gelegt; es habe ihm gar nichts ausgemacht, wenn seine Segel flatterten. Der Berliner Physiker Erwin Schrödinger, der Nachfolger Max Plancks an der Berliner Universität, war mit seiner Frau gleichfalls in Caputh zu Besuch, und sie sind mit Einstein gesegelt. Annemarie Schrödinger schrieb mir 1964, ein Jahr vor ihrem Tod: »Wir waren öfters bei Einstein zu Gast, sowohl in der Berliner Wohnung wie auch in Caputh. Besonders die Besuche in Caputh waren für meinen Mann sehr schön, weil wir da stundenlang mit Einstein im Segelboot fuhren und die beiden Herren sich intensivst und ganz ungestört wissenschaftlich unterhalten konnten.«

HW: An den Namen Schrödinger kann ich mich nicht entsinnen.

FH: Das mag schon sein. Schrödinger wohnte damals erst seit kurzem in Berlin, und er war bei weitem nicht so populär wie Planck oder Laue, die seit vielen Jahren an der Universität wirkten, Planck seit 1889.

HW: Diese beiden Namen sind mir ja auch gut bekannt.

FH: Der Physiker Philipp Frank aus Prag, aus dessen Einstein-Biographie ich schon mehrmals zitierte, gehörte gleichfalls zu Einsteins Gästen in Caputh. Er schilderte in seinem Buch das Blockhaus und beschrieb die schöne Aussicht, die man vom Wohnraum durch die große Glastür hatte. Aber Sie werden sich wohl kaum an diesen seltenen Gast erinnern können.

122

HW: Professor Frank ist mir kein Begriff. Leider. Es ist ja alles auch schon sehr lange her.

FH: Da fällt mir eine kleine Begebenheit ein. Sie muß sich um 1930 ereignet haben. Ein namhafter Experimentalphysiker, der auch in Berlin lehrte und ebenfalls Wassersport trieb, segelte mit seinem Söhnchen öfter auf den Havelgewässern. Er kam dabei einmal in die Nähe von Einsteins Boot. »Sieh mal, dort drüben, das ist der Onkel Einstein«, sagte er zu seinem Jungen. Der Junge, der gerade im Fragealter war, schaute eine Weile zu dem Segelboot hinüber und fragte dann: »Vati, warum ist denn der Onkel Einstein eine Tante?« Diese kindliche Frage war damals, als die Männer in der Regel kurzes Haar trugen, sicherlich berechtigt. Heute würde sie wohl nicht mehr gestellt werden. Doch nun zu etwas anderem. Als ich Ende der fünfziger Jahre meine Einstein-Biographie vorzubereiten begann, die dann 1963 unter dem Titel »Albert Einstein – Ein Leben für Wahrheit, Menschlichkeit und Frieden« in Berlin herauskam, befragte ich einige ältere Einwohner von Caputh nach ihren Erinnerungen an Einstein. Dabei wurde mir unter anderem gesagt, daß er ziemlich regelmäßig mit einer blonden Dame gesegelt sei, offenbar eine Freundin, die immer nach Caputh kam.

HW: Sie war eine Österreicherin. Soviel ich weiß, war sie erst kurz zuvor nach Berlin übergesiedelt. So um 1931 kam sie nach meiner Erinnerung zum erstenmal in die Haberlandstraße. Sie brachte wunderbare Vanillekipferln mit, die sie selbst gebacken hatte. Es waren ganz wunderbare Spezialitäten, so richtig Wiener Gebäck. Sie brachte sie mit für Frau Professor, die gerne so was schleckerte. Es muß sich da wohl eine engere Freundschaft zwischen ihr und Herrn Professor entwickelt haben. Jedenfalls kam sie im Sommer einmal in der Woche nach Caputh. Wenn sie kam, fuhr Frau Professor immer nach Berlin, um Bestellungen und andere Besorgungen zu machen. Sie ist da immer gleich früh am Morgen in die Stadt gefahren und kam erst spät am Abend zurück. Sie hat sozusagen das Feld geräumt. Die Österreicherin war jünger als Frau Professor, sah sehr gut aus, war lustig, hat viel und gern gelacht, wie Herr Professor ja auch. Sie sprach Wiener Dialekt. Um sie hat es in Caputh einmal eine lebhafte Auseinandersetzung gegeben, in Abwesenheit von Herrn Professor. Die habe ich mit angehört und mit anhören müssen, weil es im Wohnzimmer dabei ziemlich laut zuging und die Küche ja direkt neben dem Wohnzimmer lag. Da sagten die Töchter zu ihrer Mutter: »Du mußt dich eben damit abfinden, oder du mußt dich von Albert trennen.«

FH: So weit war es gekommen?

HW: Ja. Die Töchter haben da nur von Albert gesprochen, nicht wie sonst von Vater Albert. Die Mutter hatte sich bei ihnen darüber beklagt. Und da hörte ich, wie Frau Professor weinte. Aber dann hat sie sich damit abgefunden und ist jede Woche an dem bestimmten Tag nach Berlin reingefahren, um einer Begegnung auszuweichen. Das war nachher aber keine reine Freundschaft mehr zwischen den beiden Frauen.

FH: Das läßt sich denken. Wie lange hat denn diese Beziehung gedauert?

HW: Es könnte sein, daß es nur einen Sommer so war, den letzten Sommer in Caputh.

FH: Sie segelte nur einen Sommer – könnte man da in Anlehnung an einen bekannten Filmtitel sagen. Die Einwohner achteten anscheinend sehr auf die Gewohnheiten und den Umgang des berühmten Wissenschaftlers.

HW: Ich habe vieles darüber auch nur von Leuten aus dem Dorf gehört. Das war ein offenes Geheimnis. Man sah ja, wer da mitgefahren ist, wenn das Boot auslief. Das konnte nicht verborgen bleiben. Herr Professor hatte eben, wie ich schon mal sagte, eine Schwäche für schöne Frauen.

FH: Hier kommt gewiß noch hinzu, daß die Freundin aus

124

Österreich stammte. Die österreichische Wesensart war Einstein besonders sympathisch. Das beweisen auch seine Freundschaften mit Ehrenfest und Ehrenhaft. Diese Sympathie war hier vermutlich mit im Spiel. Der tiefere Grund für Einsteins Verhalten geht meiner Meinung nach aber aus dem Entwurf eines Briefes hervor, den ich kürzlich im Auktionskatalog einer westdeutschen Autographenhandlung auszugsweise abgedruckt fand. Es ist seine Antwort an eine Dame, die unter der Untreue ihres Gatten litt und sich deswegen an Einstein mit der Bitte um Rat gewandt hatte. Er tröstete sie mit den Worten: »Sie werden wohl wissen, daß die meisten Männer (wie auch nicht wenige Frauen) von Natur nicht monogam veranlagt sind. Die Natur schlägt um so mächtiger durch, wenn Sitte und Umstände dem betreffenden Individuum Widerstände in den Weg stellen. Erzwungene Treue aber ist für alle Beteiligten eine bittere Frucht.« Einstein, der sonst ein Außenseiter war, unterschied sich in diesem Punkt offenbar nicht von der Mehrheit der Männer, und er hat seiner Natur – hier wie sonst – keinen Zwang auferlegt.

HW: Dazu kann ich nichts sagen.

FH: Überdies war Frau Elsa bereits über die Blüte ihrer Jahre hinaus. Antonina Vallentin schildert sie aus eigener Beobachtung so: »Ihr Gesicht ist schwammig geworden, ihr Haar vor der Zeit ergraut. Sie, die ihrem Manne vorwarf, daß er sein Äußeres vernachlässige, ließ sich ebenso gehen. Schwere graue Strähnen fielen ihr übers Gesicht, die sie wie Fliegen wegstrich, wenn sie sich einen Hut aufstülpte.« Diese Schilderung halte ich nach den Fotos, die aus dieser Zeit von Frau Elsa überliefert sind, für zutreffend.

HW: Für meine Begriffe war Frau Professor eine hübsche Frau, auch damals noch, und sie hat sehr an Herrn Professor gehangen.

FH: Mit ihrer Eitelkeit und ihrem übergroßen Geltungsbedürfnis fiel sie ihm aber auch sehr auf die Nerven. Einsteins Äußerungen zu seinem sowjetischen Fachkollegen Joffe lassen daran keinen Zweifel. In seinem Erinnerungsbuch »Begegnungen mit Physikern«, das ich schon erwähnte, schreibt Joffe über Frau Elsa, daß sie Einstein keine enge Freundin wurde und in jeder Weise seinen Bemühungen entgegenwirkte, sich von allen Demonstrationen seines Weltruhms fernzuhalten. Joffe fügt hinzu: »Ich entschließe mich nur deshalb, darüber zu schreiben, weil Einstein selbst mir das sehr deutlich gesagt hat.« Dieses Gespräch dürfte Ende der zwanziger Jahre in Berlin geführt worden sein, also zu Ihrer Zeit. Damals hielt sich Joffe öfter in Berlin auf.

HW: Frau Professor hatte aber auch ihre guten Seiten, das möchte ich immer wieder betonen.

FH: Wenden wir uns nun einigen Sachfragen zu, die Caputh betreffen. Wie stand es da um das Einholen? Gingen Sie ins Dorf, oder fuhren Sie nach Potsdam, um die Lebensmittel zu kaufen?

HW: Es wurde fast alles geliefert, von einer Firma in Potsdam. Vom Büro des Töpfermeisters Wolff gaben wir telefonisch die Bestellungen auf. Das habe meistens ich gemacht. Dann wurde das Bestellte gebracht, auch die Lebensmittel. Einkaufen brauchte ich in Caputh nicht groß zu gehen. Dafür wäre das alles auch viel zu weit gewesen. Der Bäcker kam und brachte frische Brötchen. Er fuhr von Grundstück zu Grundstück. Es wurde alles ins Haus geliefert, ganz wie in der Stadtwohnung, und ich brauchte mich da nicht zu bemühen.

FH: Wie stand es in Caputh um den Küchenzettel?

HW: Lauter einfache Gerichte. Wenn kleinerer Besuch da war, gab es zu Mittag meist grüne Bohnen und Matjesheringsfilet. Das wurde oft gereicht. Neue Kartoffeln wurden abgezogen und im ganzen in Butter und Petersilie geschwenkt. Daran erinnere ich mich noch sehr genau. Den

Spargel, den es in Caputh jede Menge zu kaufen gab, möchte ich noch mal besonders erwähnen.

FH: Sie sprachen davon, daß vom Büro des Töpfermeisters aus telefonische Bestellungen aufgegeben wurden. Im Einstein-Haus gab es also kein Telefon?

HW: Nein. Wenn telefoniert werden mußte, gingen wir 'runter in das Büro des Töpfermeisters, und wenn Anrufe kamen, rief man uns von dort ans Telefon. Am Anfang wurde zur Terrasse raufgerufen. Zuletzt bewährte sich ein Signalsystem mit einer kleinen Trompete, die Frau Professor für diesen Zweck angeschafft hatte. Dreimal kurz tuten bedeutete, daß ich den Anruf erledigen konnte, zweimal länger tuten, daß Frau Professor runterkommen und Auskunft geben müßte, und einmal lang und laut tuten, daß Herr Professor selbst ans Telefon gebeten wurde. Aber wie gesagt: Das war erst zum Schluß so. Ich erinnere mich, daß ich oft in das Büro runtergegangen bin und nach Potsdam telefonierte, um Lebensmittelbestellungen durchzugeben. Manchmal mußte ich auch nach Berlin anrufen, um etwas auszurichten. Es gab da immer mal was zu bestellen oder zu vereinbaren.

FH: Einstein ließ sich wohl mit Absicht kein Telefon einrichten? Er hätte doch sicherlich ohne weiteres einen Anschluß bekommen.

HW: Herr Professor wollte nach Möglichkeit seine Ruhe haben. Ich wüßte auch kaum, daß er selbst viel telefoniert hätte. Auch nicht in der Berliner Stadtwohnung. Es mußte schon was ganz Besonderes sein. Sonst hat alles Frau Professor erledigt.

FH: Hat Einstein in Caputh selbst gegärtnert oder sich auf seinem Grundstück körperlich betätigt, als Ausgleich zur geistigen Arbeit am Schreibtisch?

HW: Überhaupt nicht. Ich habe jedenfalls nicht gesehen, daß Herr Professor selbst jemals was gepflanzt oder daß er gegraben hätte. Das wurde vom Gärtner besorgt.

FH: Damit wäre die Schilderung widerlegt, die die sowjetische Theaterleiterin Natalia Saz in ihrem Buch »Novellen meines Lebens« von Einstein in Caputh gegeben hat. Da wird Einstein als Sonntagsgärtner beschrieben, der sich inmitten von Sträuchern und Beeten mit Erdbeeren, Gurken, Kartoffeln und Kohl mit Gartenschlauch und Gartenschere betätigte.

HW: Diese Angaben sind unzutreffend. Auf dem Grundstück gab es keine Beete mit Erdbeeren, Gurken, Kartoffeln und Kohl, überhaupt keine landwirtschaftlichen Kulturen. Die Erdbeeren wurden bei Nachbarn oder unten im Dorf gekauft, ebenso die Kartoffeln und die Gurken. Ich erinnere mich nur aus der allerersten Zeit an ein kleines Beet für Küchenkräuter. Das weiß ich sehr genau. Aber mehr hatten wir nicht.

FH: Natalia Saz berichtet auch von einem »alten Klavier« im großen Wohnraum, auf dem sie Einstein zu seinem Violinspiel begleitet haben will. Stand da ein Klavier?

HW: Nach meiner Erinnerung gab es weder im großen Wohnraum noch sonstwo im Sommerhaus ein Klavier und schon gar kein altes Klavier. Ich glaube nicht, daß ich mich da irre.

FH: Ehemalige Nachbarn Einsteins, die ich danach fragte, sind auch dieser Meinung. Sie erklärten mir, daß sie Professor Einstein zwar oft Geige spielen hörten, daß sie sich aber nicht an die Klänge eines Klaviers erinnern könnten. — Geigte Einstein in Caputh wirklich regelmäßig, zu einer bestimmten Stunde, auf der Terrasse, wie in einer Reportage berichtet wird, die vor einiger Zeit bei uns in einem Magazin veröffentlicht wurde?

HW: Ich habe das auch gelesen und kann nur sagen: Nein, das ist ganz großer Unsinn, das ist nicht wahr. Bei Herrn Professor war das alles ganz spontan. Da gab es keine bestimmten Uhrzeiten für das Geigenspiel, nicht in der Stadtwohnung und auch nicht in Caputh.

*Das neuerbaute Blockhaus
in Caputh bei Potsdam*

*Der Kamin
im großen Wohnraum*

Mit Tagore
auf der unteren Terrasse (1930)

Albert und Elsa Einstein im Grundstück

Auf dem »Tümmler« mit Dr. Mayer

Herta mit Purzel
auf der oberen Terrasse

Fräulein Herta Schiefelbein
war vom 1. Mai 1927 bis 1. Juni
1933 als Stütze in meinem
Hause.
Sie ist durchaus ehrlich, zuverlässig,
geschickt in allen häuslichen Arbeiten.
Im Kochen sehr bewandert.
Ihre Entlassung erfolgt wegen Übersiedelung
ins Ausland. Meine besten Wünsche
begleiten sie.

Frau Albert Einstein

Caputh den ... Mai 33.

»Führungszeugnis«
für Herta

Liebe Herta!

Sie hätten die Freude sehen sollen, als Ihr Brief ankam. So oft fragten wir uns: Was ist denn aus unserer guten tapferen Herta geworden? Und wir fanden es bedenklich, dass wir so lange nichts hörten. Sie haben ja so viel und so Verschiedenartiges mit uns zusammen erlebt, in der nun verschwundenen Haberlandstrasse und in Kaputh. Das Häuschen dort haben nun die Russen und ein Nazi hat das dicke Segelschiff bekommen. Hoffentlich geht's bei Ihnen bald wieder besser mit dem leidigen Futter.

Alle herzlichen Wünsche

Ihr A. E.

Brief Einsteins aus Princeton, 8. April 1947
(Siehe dazu den Kommentar auf Seite 167)

FH: Die Qualität von Einsteins Violinspiel ist umstritten. Es wurde unterschiedlich bewertet. Wir sprachen ja schon davon, daß es in einem Buch heißt, Einstein geigte zum Gotterbarmen. Das mag kraß ausgedrückt sein, aber es erinnert mich an das Urteil von Professor Walter Friedrich, dem ehemaligen Rektor unserer Universität und späteren Präsidenten unserer Akademie der Wissenschaften, den ich 1964 über seine Erinnerungen an Einstein befragte. Er sagte mir wörtlich: »Einstein hatte einen Strich wie ein Holzfäller.« Da Friedrich nicht nur ein bedeutender Strahlenforscher, sondern auch ein ausgezeichneter Violinspieler war, hat sein Urteil Gewicht. Es wird erhärtet von János Plesch, der über Einstein schreibt: »Er hat es nie zur Virtuosität gebracht, und es gibt viel begabtere Techniker als ihn.« Plesch vermißte bei Einstein eine ausgewogene Bogentechnik. Er führte aber auch an, daß auf seiner Orgel in Gatow, die in einem Pavillon dicht am Wasser aufgestellt war, Einstein einmal stundenlang phantasierte und dabei gar nicht merkte, daß sich auf der Havel in Kähnen und Jachten ein andachtsvolles Publikum angesammelt hatte, um diesen wundervollen Harmonien zu lauschen. Keiner von diesen Zuhörern habe gewußt oder geahnt, daß Einstein es war, der da auf der Orgel spielte. – Hat der Professor auch in Caputh noch um Mitternacht in den Räumen und Fluren gegeigt, wie er es in der Stadtwohnung gelegentlich tat?

HW: Nein, das müßte ich gehört haben.

FH: Können Sie Pleschs Angabe bestätigen, daß Einstein eine ganze Sammlung von Violinen besaß, die ihm nach und nach von Verehrern geschenkt wurden? Erinnern Sie sich an solch eine Kollektion von Geigen?

HW: Ich weiß nur von einer einzigen, von Herrn Professor sehr geliebten Geige.

FH: Da hat also der schöne János wieder einmal ein bißchen übertrieben, wie auch sonst nicht selten. Wenn man nämlich seinen Ausführungen glauben will, dann gab es in der damaligen Zeit keinen prominenten Gelehrten, Politiker, Maler, Bildhauer, Dirigenten und Schauspieler, mit dem er nicht mehr oder weniger eng befreundet gewesen wäre. Er war in der Tat ein »übergeschäftiger Modearzt mit unersättlichem Geltungsbedürfnis«, wie er in einer Beurteilung charakterisiert wird, die ich im Archiv der Humboldt-Universität fand. Wenn der Schweizer Einstein-Biograph Carl Seelig das Buch von Plesch als »phantasiestrotzend« bezeichnet, so ist daran etwas Wahres. Allerdings kann man dem János da und dort auch Glauben schenken, und das haben wir in unseren Gesprächen ja getan. Aber kehren wir wieder nach Caputh zurück. Hatte Einstein zu Einwohnern des Dorfes nähere Beziehungen? Erinnern Sie sich an Bürger, mit denen er sich gern unterhielt?

HW: An erster Stelle möchte ich hier den Schriftsetzer Meier in der Potsdamer Straße nennen. Er war Sozialdemokrat und hatte in der Zeit der Wirtschaftskrise keine Arbeit. Mit ihm hat sich Herr Professor oft unterhalten. Er hat ihn auch mit Gartenarbeiten beschäftigt, um ihn finanziell zu unterstützen. Überhaupt hat Herr Professor viel mit Einwohnern gesprochen. Er war — wie man so sagt — leutselig. Er war immer sehr aufmerksam zu anderen.

FH: Zu Ihnen sicherlich auch.

HW: Ja. Wenn er mit einem Koffer von der Bushaltestelle hochkam und ich ihm entgegenlief und mit anfassen wollte, lehnte er das ab mit der Bemerkung: »Ich werde mir doch von einer Frau nicht den Koffer tragen lassen.« Ich mußte also, wenn ich ihm tragen half, immer nur so tun, als ob ich mit anfasse. Wenn er zur Bushaltestelle runterging, war es ebenso. Er ist aber meistens mit dem Wagen nach Berlin gefahren.

FH: Nun zu einer Begebenheit, bei der Frau Elsas Stielbrille eine gewisse Rolle spielte. Sie erzählten mir einmal, daß Sie mit den Einsteins in Caputh zur Wahlurne gingen, bei einer der Reichstagswahlen, wie es sie in den letzten Jahren der Weimarer Republik öfter gab, 1932 gleich zweimal. Bitte schildern Sie dieses Erlebnis.

HW: Das Wahllokal war unten im Dorf in einem Gasthaus, wie das so üblich ist. Unterwegs fragte mich Frau Professor schon, was ich denn wählen würde. Ich sagte: SPD. Die wird sie auch wählen, sagte sie zu mir. Vor dem Wahllokal standen Vertreter der verschiedenen Parteien. Sie hatten Plakate umgehängt oder trugen Tafeln mit einem Aufruf, für diese oder jene Partei zu stimmen. Als wir vor dem Plakat der SPD standen, nahm Frau Professor ihre Lorgnette, die sie an einer Kette trug, in die Hand, musterte das Plakat genau und sagte dann ganz laut: »Ja, das wählen wir.«

FH: Ging Einstein auch mit zur Wahl?

HW: Ich hab immer schon überlegt, ob Herr Professor auch mit war. Es könnte sein, daß er gerade eine Reise machte. Aber ich möchte fast meinen, daß wir alle gemeinschaftlich zur Wahl gegangen sind. Das weiß ich heute nicht mehr so genau. Doch weiß ich ganz bestimmt, daß Frau Professor auf das Plakat der SPD vor dem Wahllokal zeigte und zu mir sagte: »Das wählen wir.« Frau Professor hat dabei so laut gesprochen, daß alle Umstehenden es hören mußten.

FH: Aber nun einiges, das nichts mit Reichstagswahlen und Wahlplakaten zu tun hat. Sie sprachen in unserer Unterhaltung davon, daß in Caputh ein Langhaardackel der Lieblingshund gewesen sei.

HW: Der Purzel gehörte einem Handwerksmeister unten an der Waldstraße, aber er wurde bei uns immer gut aufgenommen und ist gern überallhin mitgegangen. Als Herr Professor einmal zu den Observatorien nach Potsdam fuhr, war der Purzel mit ins Auto eingestiegen, ohne daß es jemand bemerkt hatte. Er begleitete Herrn Professor auch oft bei seinen Spaziergängen im Wald oder lag vorn bei ihm auf der Terrasse. Er gehörte so richtig mit zum Haus. Die Teichmanns haben nicht viel von ihrem Hund gehabt im Sommer. Herr Professor sah es gern, wenn der Purzel mit ihm spazierenging.

FH: Auch von einem Kater erzählten Sie mir, der plötzlich aufgetaucht war und nicht mehr wich.

HW: Der war auf einmal da und blieb dann. Er war weiß mit grauen und schwarzen Flecken. Den habe ich gepflegt, und der durfte dann mir zuliebe im Hause bleiben. Es war noch ein junger Kater. Wenn er über die untere Terrasse kam und Herr Professor saß gerade da, dann hat er ihn oft angesprochen und gestreichelt, den Peter.

FH: Wo hatte der Peter sein Körbchen?

HW: Er hat immer bei mir übernachtet. Er kam von der oberen Terrasse durchs Fenster in mein Zimmer gesprungen, das war für ihn eine Kleinigkeit, und dann hat er mit in meinem Bett gelegen. Um den habe ich manchmal bittere Tränen geweint, wenn er sich mit anderen Katern gerauft und gebissen hatte. Dann bin ich in der Nacht aufgestanden und habe Kamillentee gekocht, um ihm die blutenden Ohren auszuwaschen. Da fällt mir was ein: Wir hatten mal in Potsdam Bücklinge gekauft, und Frau Professor legte ihm einen ganzen Bückling hin. Da kriegte der Kater richtig Angst. Er ging erst lange um den Bückling 'rum, und dann packte er ihn am Genick, als wenn der noch lebte. Das ist mir so in Erinnerung. Wir haben uns alle sehr amüsiert. Auch Herr Professor lachte über den Kater, der sich vor dem großen Bückling fürchtete.

FH: Wann war er zugelaufen?

HW: Im Frühjahr 1932. Er war da noch jung, aber im Herbst hat er sich schon tüchtig mit anderen Katern gerauft. Nachher wurde Kostgeld für ihn gezahlt, weil die Nachbarin ihn den Winter über verpflegen sollte.

FH: Hat sich der Kater denn mit dem Hund, dem Purzel, vertragen?

HW: Die beiden haben sich gut vertragen, sehr gut sogar. Sie haben sich rasch aneinander gewöhnt. Jedenfalls war keiner auf den anderen eifersüchtig, wie das bei Haustieren manchmal vorkommt.

FH: Wurde der blaue Wellensittich im Sommer aus der Stadtwohnung mit nach Caputh genommen?

HW: Nein. Ich glaube, den haben dann immer die Kaysers versorgt, wenn Margot oder ihr Mann nicht in Berlin waren, denn allein konnte man das Tierchen ja nicht lassen.

FH: Stand man in Caputh später auf als in der Haberlandstraße?

HW: Das war sehr unterschiedlich. Es gab dafür keinen festen Zeitpunkt. Mittag gegessen haben wir so zwischen zwölf und eins, wenn alle da waren. Ich aß auch hier in der Küche. Nach Tisch ging Herr Professor meistens gleich wieder segeln oder spazieren.

FH: Eine Ergänzungsfrage zum Blockhaus: Welche Farbe hatte das Dach?

HW: Ich habe es als rot in Erinnerung. Dieses Rot paßte gut zu dem dunkel eingefärbten Holz, aus dem das Haus gebaut war, man konnte aber die Maserung noch deutlich erkennen. Die Fensterläden waren weiß lackiert.

FH: Feierten die Einsteins das Richtfest, oder wurde der Einzug ins Haus irgendwie festlich begangen?

HW: Ach, i wo, gar nicht. Es wurde bei Einsteins überhaupt nicht viel gefeiert. Doch da will ich eine kleine Begebenheit erzählen, an die mich meine Kusine kürzlich erinnert hat. Als sie einmal zu mir nach Caputh kam, saß Herr Professor gerade im Bademantel auf der Terrasse. Er stand auf, um ihr die Hand zu geben. Dabei schlug sein Bademantel auseinander – und weiter hatte er nichts an. Meine Kusine wurde ganz rot vor Verlegenheit. Da fragte

Herr Professor sie: »Wie lange sind Sie schon verheiratet?« Sie antwortete: »Zehn Jahre.« Er fragte weiter: »Wie viele Kinder haben Sie?« Sie sagte: »Drei.« — »Und da werden Sie noch rot?«

FH: Einstein war eben nicht prüde, das ist aus verschiedenen Berichten bekannt. Aber wurden denn auch Sie rot, wenn Sie ihn in der Stadtwohnung morgens gelegentlich im Adamskostüm vom Bad in sein Schlafzimmer gehen sahen? Sie machten mal so eine Andeutung.

HW: Ob ich da rot wurde, weiß ich heute nicht mehr, es war mir aber sehr peinlich. Herr Professor war entweder zu bequem, seinen Bademantel anzuziehen, oder er hatte es einfach in Gedanken vergessen.

FH: Ihre Kusine hat Sie in Caputh wohl öfter besucht?

HW: Sie kam im Sommer fast jeden Tag 'raus. Frau Professor sah das sehr gern, denn dann bin ich nicht nach Berlin gefahren. Manchmal brachte sie auch eines ihrer Kinder mit. Ich sehe es noch vor mir, wie Herr Professor das Mädchen — damals vielleicht vier Jahre — unten auf der Terrasse an seiner Armbanduhr horchen ließ. Wir sind meist oben auf der Sonnenterrasse gesessen. Frau Professor wollte, daß ich auch was von dem schönen Landaufenthalt habe.

FH: Kam auch Ihre Mutter nach Caputh?

HW: Ja. Ich erzählte wohl schon, daß Herr Professor einmal, als er von der Terrasse aus meine Mutter den Weg hochkommen sah, zu mir in die Küche rief: »Fräulein Herta, die Mutter kommt!« Er lief ihr gleich entgegen, um ihr das Handgepäck zu tragen. Sie hatte eine Hebammentasche, wie man damals sagte, und er wollte nicht, daß sie als Frau die Tasche trägt. Meine Mutter kam ziemlich oft nach Caputh. Sie hat aber nicht dort übernachtet.

FH: Sie sagten eben, Frau Elsa wollte, daß Sie auch etwas vom Landaufenthalt hätten. Demnach war der Arbeitsaufwand in Caputh für Sie nicht so groß wie in Berlin?

HW: Ich hatte in Caputh viel mehr freie Zeit.

FH: Sie sind immer mit dem Bus gefahren, wenn Sie nach Berlin wollten.

HW: Mit dem Bus bis Potsdam und dann mit der S-Bahn über Wannsee nach Berlin. Auch Herr Professor ist mit dem Bus nach Potsdam gefahren und dann mit der S-Bahn, wenn er kein Auto zur Verfügung hatte. Da fällt mir was ein: Einmal kam ich aus Berlin auf dem Potsdamer Hauptbahnhof an, und der letzte Bus war schon weg. Mir blieb nichts weiter übrig, als am Wasser entlang bis nach Caputh zu gehen, mitten in der Nacht. So anderthalb bis zwei Stunden habe ich dazu wohl gebraucht. Es war stockdunkel. Da fliegt vor mir mitten im Weg ein Käuzchen hoch. Ich habe mich so erschrocken, ich schwitzte vor Angst. Vorher war ich in Berlin noch beim Frisör und hatte mir die Haare ondulieren lassen. Am Morgen hatte ich überhaupt nichts mehr drin an Wellen. Als ich das dann erzählte, meinte Herr Professor, daß jemand vor Schreck graue Haare bekommt, das hätte er schon gehört, aber daß einem dabei die Lockenwellen ausgehen, das ist ihm neu.

FH: Waren Einsteins Ärzte öfter in Caputh zu Besuch? Der Hausarzt beispielsweise?

HW: An einen Besuch von Sanitätsrat Dr. Juliusburger kann ich mich nicht erinnern. Auch Professor Plesch kam nach Caputh nur selten, aber ziemlich regelmäßig Professor Katzenstein. Mit ihm bestand eben ein regelrechter freundschaftlicher Verkehr.

FH: Noch eine Frage, die mit der politischen Entwicklung jener Zeit zusammenhängt. Haben Sie im letzten Jahr in Caputh antisemitische Tendenzen bemerkt? Die Nazis waren ja schon vor der Errichtung ihrer Diktatur sehr unduldsam gegenüber den Juden, und daß Einstein Jude war, wußte doch jeder.

HW: Herr Professor war bei den Einwohnern in Caputh

sehr beliebt. Ich glaube nicht, daß es da eine Ausnahme gab.

FH: Ich frage dies deshalb, weil Antonina Vallentin in ihrer Einstein-Biographie ein Erlebnis schildert, das sie bei ihrem letzten Besuch in Caputh, im Mai 1932, gehabt haben will und in dem Sie eine Rolle spielen. Ich werde Ihnen die Stelle vorlesen:

Das Hausmädchen war eingetreten und blieb stehen, als wollte sie etwas sagen. Sie war schon sehr lange bei ihnen. »Sprechen Sie ruhig«, sagte Elsa ermutigend zu ihr. »Ich gehe nicht mehr zu unserem Bäcker. Er hat etwas sehr Häßliches gesagt.« Sie zögerte: »Ja, er hat gesagt, er versteht nicht, daß ich bei Juden bleibe. Dieser Schweinehund!« Sie zitterte vor Zorn: »Aber nein«, antwortete sie auf Elsas Frage, »der Herr Professor riskiert nichts, sie haben ihn hier zu gern. Bloß dieser Schweinehund!« Ihr Gesicht war wie von Scham verkrampft. »Es könnte doch auch noch andere geben«, sagte ich. Sie sah mich mißtrauisch und beunruhigt an und ging schweigend hinaus.
Können Sie sich an solch eine hochdramatische Szene erinnern?

HW: Nein. Ich bin auch kaum jemals ins Dorf einkaufen gegangen, auch nicht zum Bäcker.

FH: Es könnte aber doch sein, daß Sie ausnahmsweise einmal zum Bäcker gingen, um Kuchen zu holen, weil Frau Luchaire vielleicht ganz unerwartet zu Besuch kam. Das wäre doch denkbar. Ich kann mir allerdings kaum vorstellen, daß Sie in Gegenwart von Frau Einstein und der fremden Dame einen so vulgären Ausdruck wie »Schweinehund« für den Bäcker gebraucht hätten. Selbst wenn Sie über seine Äußerung sehr erzürnt waren – vorausgesetzt, daß sich das wirklich alles so zugetragen hat –, hätten Sie sich in der Wahl Ihrer Worte doch sicherlich beherrscht.

HW: Der Ausdruck Schweinehund hat niemals zu meinem Wortschatz gehört, weder damals noch später.

FH: Das glaube ich gern. Im übrigen scheint mir bei der damaligen politischen Lage solch ein Vorfall nicht gänzlich ausgeschlossen zu sein, auch wenn Sie sich heute nicht mehr daran erinnern können. Es ist eine psychologische Tatsache, daß unangenehme Erlebnisse oft völlig vergessen, »verdrängt« werden. Lassen wir das also auf sich beruhen. Ich möchte aber noch einmal auf Natalia Saz und ihr Erinnerungsbuch »Novellen meines Lebens« zurückkommen. Sie schreibt, bei ihrem Besuch in Caputh im Frühjahr 1931 habe Einstein eine Jacke aus reiner Wolle getragen, von der er mit Stolz sagte, daß seine »Ilse« – damit ist Frau Elsa gemeint – sie mit eigenen Händen gestrickt habe.

HW: Wenn es kühl war, trug Herr Professor gern einen Pullover oder eine Wolljacke. Aber daß Frau Professor diese Jacke gestrickt haben soll, das ist mir neu. Ich habe sie niemals stricken sehen.

FH: Empfing Einstein in Caputh denn auch seine Gäste in Wolljacke oder Pullover?

HW: Wenn es ein offizieller Besucher war, hat sich Herr Professor immer entsprechend gekleidet. Das sieht man ja auch auf dem Foto mit Tagore. Auf der Terrasse, wo er sonst im Trainingsanzug oder im Bademantel saß, trägt Herr Professor einen Gesellschaftsanzug, als er mit seinem indischen Gast fotografiert wurde, und er hat auch einen Schlips um.

FH: Übrigens war eine heute berühmte DDR-Schriftstellerin ebenfalls in Caputh bei Einstein: Anna Seghers. Sie schilderte kürzlich in einer Wochenschrift, wie sie im Sommer einmal nach Caputh hinausfuhr, um Einstein für einen Vortrag an der »Marxistischen Arbeiterschule« in Berlin, der MASCH, zu gewinnen. Sie erinnert sich gut an Einstein, aber noch besser an den Gurkensalat, den es zum Mittagessen gab und der ihm sehr geschmeckt hat. Sie vermerkt auch das freundliche Lächeln der Frau Elsa,

die ihren Mann von der Übernahme einer Vortragsver-
pflichtung abzuhalten suchte.

HW: Anna Seghers war mir damals noch kein Begriff.

FH: Aber ihr ist der Gurkensalat, den doch vermutlich Sie
zubereitet haben, noch heute in bester Erinnerung. Einstein hat den erbetenen Vortrag an der MASCH auch gehalten. Es reizte ihn offenbar, seine Forschungsergebnisse
in dieser »Schule der Werktätigen« vor einfachen Menschen darzulegen. Er sprach am 26. Oktober 1931 in der
Aula eines alten Schulgebäudes im Norden Berlins, wo die
MASCH viele ihrer Vorträge veranstaltete, vor mehr als
dreihundert Arbeitern und Arbeitslosen über das Thema:
»Was der Arbeiter von der Relativitätstheorie wissen
muß.« Wie Teilnehmer berichten, gab es im Anschluß an
den Vortrag eine lebhafte Diskussion über philosophische
und politische Fragen.

HW: Es kamen viele Gäste nach Caputh, ihre Namen
habe ich nicht immer erfahren oder längst vergessen.

FH: Unter den bekannten Schriftstellern, die Einstein in
Caputh aufsuchten, ist auch Arnold Zweig zu nennen. Er
teilte mir dies selbst mit, als ich ihn 1961 über seine Begegnungen mit Einstein befragte. In der Stadtwohnung war
er nicht, aber er fuhr einmal nach Caputh hinaus, um sich
von Einstein eine Unterschrift unter irgendeine gemein-
same Erklärung zu holen. Da wir gerade von namhaften
Schriftstellern jener Jahre sprechen: Einstein war auch
mit Bertolt Brecht persönlich bekannt, aber sie trafen sich
nur gelegentlich bei Empfängen oder Abendgesellschaften. Dies schrieb mir Helene Weigel, die ich nach mögli-
chen Begegnungen von Brecht mit Einstein gefragt hatte.
Daß Brecht in der Haberlandstraße oder in Caputh war,
hielt sie für unwahrscheinlich. Doch noch etwas anderes:
Wie Sie mir sagten, hat es im Sommerhaus einmal ungebetene Wintergäste gegeben.

HW: Es muß in der allerersten Zeit gewesen sein. Als wir

da im Frühjahr wieder nach Caputh kamen, sahen wir, daß Landstreicher da gehaust hatten. Sie müssen durch den Heizungskeller eingestiegen sein. Aufgehalten haben sie sich aber nur im Zimmer von Herrn Professor. Da lagen überall Decken 'rum, und dann stellten wir mit Entsetzen fest, daß es Ungeziefer gab, Wanzen. Der Raum mußte von einem Kammerjäger desinfiziert werden.

FH: Wurden Wertsachen oder sonstige Dinge vermißt?

HW: Nein. Eigentliche Wertsachen gab es im Sommerhaus gar nicht. Auch das Silberbesteck blieb immer in der Stadtwohnung für die großen Gesellschaften. Es sollte in Caputh alles mehr ländlich sein. Bewegliche Gegenstände, die nicht in die Stadtwohnung mitgenommen wurden, wenn wir im Herbst nach Berlin zurückkehrten, haben wir in Caputh beim Töpfermeister Wolff auf dem Dachboden untergestellt. Im Frühjahr holten wir sie dann wieder 'rauf ins Haus.

FH: Das Haus war im übrigen versichert. Aus den Unterlagen über die Feuerversicherung, die ich einsehen konnte, geht hervor, daß es aus »Orion-Pine-Holz« gebaut ist, also aus dem hochwertigen Holz einer amerikanischen Kiefer, das besonders hart und sehr dauerhaft ist und in Deutschland für den Holzhausbau gern verwendet wurde.

HW: Mir fällt da noch was zu Caputh ein. Meine Mutter, die mich dort öfter besuchte, interessierte sich sehr für die Blumen im Grundstück. Es gab da so hohe Stauden, gelb und bräunlich in der Farbe der Blüten. Diese Sorte – Sonnenbraut heißen sie – kannte man damals bei uns noch wenig. Heute sieht man sie überall in den Gartenanlagen. Die wurden dann gleich beim Schloßgärtner in Sanssouci für meine Mutter bestellt und nach Lautawerk geschickt. Sie hat sie in ihrem Garten gepflanzt, und jedem, der kam, sagte sie stolz: »Die sind aus der Schloßgärtnerei in Sanssouci, die hat mir die Herta geschickt, durch Vermittlung von Herrn Professor Einstein.«

FH: Hatten die Einsteins einen eigenen Gärtner?

HW: Anfangs war der arbeitslose Schriftsetzer Meier, den ich schon nannte, als Gärtner tätig, später ein anderer Einwohner von Caputh. Der hat auch die Blumen vom Schloßgärtner besorgt und die Kästen auf der unteren Terrasse und im Gartensaal bepflanzt.

FH: Eine letzte Frage zu Caputh: Sollte der Kamin im Wohnraum mehr ein architektonischer Schmuck sein, oder erfüllte er auch seine eigentliche Aufgabe? Kaminfeuer gilt im allgemeinen als Zierheizung, denn sein Wirkungsgrad ist gering.

HW: Wenn es draußen kühler wurde, legten wir im Kamin immer einige Scheite Buchenholz auf, damit es im Wohnraum gemütlicher war. Das Kaminfeuer gab auch einen schönen Schimmer. Es sah sehr hübsch aus, wenn es so flackerte und man dabei in der Dunkelheit saß. Dieses Bild habe ich noch deutlich vor Augen.

FH: Saßen die Einsteins oft vor dem Kamin?

HW: Ja, besonders im Spätherbst, wenn die Abende schon lang waren.

Fünftes Gespräch

Haussuchung –
Plünderung – Verhör

Verfrühte einheitliche Feldtheorie
Zweifel an der Quantenmechanik
Eine seltene Schallplatte
Verehrung für Lenin
Einheitsfront gegen den Hitlerfaschismus
Dritte Winterreise nach Pasadena
Näheres über die Toni
Laborversuche mit weißen Ratten
Gerüchte um das Sommerhaus
»Aufmachen, Kriminalpolizei!«
SA marschiert und klaut
Alle Möbel auf den Speicher
Jungmädchenzimmer für Herta
Über Katzen und Kätzchen
Fahndung nach der Stütze
Im Polizeipräsidium am Alex
Keine Kronzeugin für die Gestapo
Überwachte Post
Zerstampftes Schmuckstück
Fort mit den Trümmern!
Ein Brief aus Princeton
Das leidige Futter
»Gottes Lieblingsbestie«
Dank an Einsteins tapfere Herta...

FH: In unseren Gesprächen sagten Sie wiederholt, Einstein habe sich in sein Arbeitszimmer zurückgezogen, um über etwas nachzudenken oder etwas zu schreiben. Es liegt nun nahe zu fragen, worüber Einstein denn in jenen Jahren grübelte und was er da wohl niederschrieb.

Auf dem Gebiet der theoretischen Physik, seinem eigentlichen Arbeitsgebiet, rang Einstein damals um die Begründung einer einheitlichen Feldtheorie. Sie sollte mit ihrem Formelsystem die Erscheinungen des Schwerefeldes und des elektromagnetischen Feldes zusammenfassend beschreiben und das Naturbild besser überschaubar machen. Die erste Fassung legte er 1925 in den Sitzungsberichten der Akademie vor, eine zweite brachte er im Januar 1929 auf Pleschs Landgut in Gatow zu Papier. Es zeigte sich freilich schon bald, daß die Zeit für die Schaffung einer so umfassenden physikalischen Theorie noch nicht reif war. Der andere Themenkreis, der Einsteins Denken seit Mitte der zwanziger Jahre in Anspruch nahm, war die Quantenmechanik. Einstein hatte 1905 mit der Aufstellung der Lichtquantenlehre einen entscheidenden Beitrag zur Begründung der Quantenphysik geliefert, und er hatte bis Anfang der zwanziger Jahre zu ihrer weiteren Ausgestaltung beigetragen. Dann geriet er in einen immer schärfer werdenden Gegensatz zu den Quantenmechanikern. Auf den Solvay-Kongressen 1927 und 1930 kam es darüber zu einem hartnäckigen Meinungsstreit mit Niels Bohr, dem Haupt der sogenannten Kopenhagener Schule, der von Werner Heisenberg, Wolfgang Pauli und anderen jüngeren Physikern unterstützt wurde. Einstein konnte die Argumente Bohrs nicht widerlegen, gab sich aber nicht geschlagen. Er wollte sich nicht dazu bereit finden, die wahrscheinlichkeitstheoretische Deutung der Quantenerscheinungen als endgültig anzuerkennen. Sie war für ihn nur ein Notbehelf. Dabei blieb er bis an sein Lebensende.

Näheres darüber in meinen Büchern »Einstein und sein Weltbild« und »Bahnbrecher des Atomzeitalters« sowie in der biographischen Broschüre »Albert Einstein«.

Einstein war wissenschaftlich sehr vielseitig. Auch in den Jahren 1927 bis 1932 befaßte er sich mit den unterschiedlichsten Problemen. Die insgesamt mehr als einhundert wissenschaftlichen und allgemeinen Publikationen jener sechs Jahre beweisen dies. Unter ihnen möchte ich die Gedenkaufsätze über Johannes Kepler und Isaac Newton hervorheben. Auch seine Nachrufe auf den amerikanischen Experimentalphysiker Albert A. Michelson und auf den deutschen Außenminister Gustav Stresemann sind hier zu nennen. Außer den gedruckten Schriften gibt es von Einstein aus jenen Jahren auch zwei bemerkenswerte gesprochene Texte: seine Ansprache bei der Eröffnung einer Rundfunkausstellung in Berlin im August 1930 und die Schallplatte »Mein Glaubensbekenntnis«, die Einstein im Herbst 1932 für die »Deutsche Liga für Menschenrechte« besprochen hat und die heute Seltenheitswert besitzt. Die Umschriften der beiden Lautdokumente habe ich 1961 und 1966 in den »Naturwissenschaften« mitgeteilt.

Zeitlich in diesen Zusammenhang gehören Einsteins Worte »Zu Lenins Todestag«, die zwar schon früher geschrieben, aber erst 1929 in dem Geburtstagsbändchen »Gelegentliches« veröffentlicht wurden. Sie lassen die humanistische Gesinnung des großen Naturforschers deutlich erkennen. Hier das Zitat: »Ich verehre in Lenin einen Mann, der seine ganze Kraft unter völliger Aufopferung seiner Person für die Realisierung sozialer Gerechtigkeit eingesetzt hat. Seine Methode halte ich nicht für zweckmäßig. Aber eines ist sicher: Männer wie er sind die Hüter und Erneuerer des Gewissens der Menschheit.«

Einstein verfaßte oder unterzeichnete damals, besonders seit 1930, zahlreiche Deklarationen und Aufrufe, zuletzt vor allem zur Bildung einer Einheitsfront gegen den her-

143

aufziehenden deutschen Faschismus. Solch einen Aufruf erließ er im Herbst 1932 gemeinsam mit Heinrich Mann, Arnold Zweig, Käthe Kollwitz, Ernst Toller und anderen deutschen Antifaschisten. Im Sommer desselben Jahres hatte er den »Internationalen Kongreß gegen imperialistische Kriege« in Amsterdam mit seinem Namen unter den Einladenden gefördert. Er traf sich hier mit dem britischen Philosophen Bertrand Russell sowie mit fortschrittlichen, antimilitaristischen bürgerlichen Schriftstellern wie Romain Rolland, Upton Sinclair, Heinrich Mann, Martin Andersen Nexö, Henri Barbusse, Autor des Antikriegsromans »Das Feuer«, und Karl Kraus, Herausgeber der Zeitschrift »Die Fackel« – um nur einige namentlich anzuführen. Im November 1932 bemühte sich Einstein von Caputh aus darum, gemeinsam mit seinem französischen Fachkollegen und Freund Paul Langevin die entschiedensten Kriegsgegner unter den Geistesschaffenden zum Widerstand gegen Faschismus und Militarismus organisatorisch zusammenzufassen. Aber das Verhängnis nahm seinen Lauf. –

Als die Hitlerclique am 30. Januar 1933 vom deutschen Finanzkapital an die Macht geschoben wurde, hielt sich Einstein zu seinen Vorlesungen in Pasadena auf. Aus Dokumenten des Zentralen Archivs der Akademie der Wissenschaften der DDR geht hervor, daß er dem Regierungswechsel in Deutschland zunächst keine allzugroße Bedeutung beigemessen hat. Anfang Februar 1933 verhandelte er von Pasadena aus mit der Berliner Akademie der Wissenschaften noch über eine Neuregelung seines Anstellungsverhältnisses. Er wünschte von der Akademie künftig regelmäßig im Winter einen mehrmonatigen unbezahlten Urlaub zu erhalten, damit er eine Tätigkeit an dem neugegründeten »Institute for Advanced Study« in Princeton ausüben könnte. Die übrige Zeit des Jahres wollte er – wie bisher – hauptamtlich an der Akademie wirken. Die Leitung der Akademie war damit einverstanden. Diese Regelung setzte Einsteins weiteren Verbleib in Berlin voraus. Als sich jedoch zeigte, daß in Deutschland die faschistische »Seuche« – wie er es nannte – um sich griff, entschloß er sich, nicht mehr in sein Geburtsland zurückzukehren. Er reiste zwar wieder nach Europa, lebte aber mit Frau Elsa nur in Belgien, als Gast des belgischen Königspaares, in Le Coq sur mer, einem kleinen Badeort in der Nähe von Ostende. Von da fuhr Einstein wiederholt zu Vorträgen nach England. Im Herbst 1933 übersiedelte er dann in die Vereinigten Staaten, um die vereinbarte Tätigkeit in Princeton aufzunehmen. Ende März 1933 hatte er in politisch-demonstrativer Weise seinen Austritt aus der Preußischen Akademie der Wissenschaften erklärt und seine deutsche Staatsangehörigkeit niedergelegt.

FH: Hatte die Machtübernahme der Nazis irgendwelche Auswirkungen in der Haberlandstraße?
HW: Zunächst gar nicht. Mir ist jedenfalls nichts dergleichen in Erinnerung.
FH: Waren Sie im Frühjahr 1933 nochmals in Caputh draußen?
HW: Dazu hatte ich keine Veranlassung.

In diesen Wochen und Monaten sahen sich nicht wenige Freunde Einsteins zur Auswanderung aus Hitlerdeutschland gezwungen. Zu ihnen gehörte Max Born, der als Jude seinen Göttinger Lehrstuhl verlassen mußte. Erwin Schrödinger, einer von Einsteins Segelgästen in Caputh, hätte nicht zu emigrieren brauchen, aber er gab seinen Lehrstuhl an der Berliner Universität freiwillig auf und übernahm eine Professur in Oxford, weil er mit den Faschisten nichts zu tun haben wollte. Der Atomphysikerin Lise Meitner, die Einstein gern »unsere Madame Curie«

145

nannte, wurde im Herbst 1933 die Lehrbefugnis an der Berliner Universität entzogen. Sie war nur eines von den rund zweihundertdreißig Mitgliedern des Lehrkörpers dieser Universität, die im Sommer 1933 und in der darauffolgenden Zeit aus rassistischen oder politischen Gründen ausscheiden mußten.

Unter Einsteins medizinischen Freunden dürfte János Plesch einer der frühesten Emigranten gewesen sein. Auch Toni Mendel, die ebenfalls jüdischer Herkunft war, mußte ihren schönen Besitz in Wannsee bald aufgeben. Sie lebte bereits seit 1932 in der Schweiz, in ihrem Landhaus am Zürichsee. Hier fanden im Frühjahr 1933 ihre Angehörigen nach der Flucht aus Hitlerdeutschland eine erste Heimstatt. Kurz vor Ausbruch des zweiten Weltkrieges übersiedelte sie in die Vereinigten Staaten, wo sie auch starb. Es ist bezeugt, daß Einstein, der seine Freundin um mehrere Jahre überlebte, in den USA mit ihr persönlich und brieflich in Verbindung stand.

Toni Mendel wird in ihren letzten Berliner Jahren als eine zierliche, gepflegte, aber nicht mondän gekleidete Dame beschrieben, etwa so alt wie Einstein und damals schon verwitwet. Sie war Einsteins Begleiterin bei Konzert- und Opernbesuchen. In ihrer »Millionenvilla« am Wannsee hat er ziemlich oft übernachtet. Im Musikzimmer, das einen herrlichen Ausblick auf den See bot, spielte er gelegentlich schon um sechs Uhr morgens so laut Klavier, daß alle Hausbewohner davon wach wurden: eine Art von pianistischem Seitenstück zu seinem nächtlichen Violinspiel in der Haberlandstraße.

Wie berichtet wird, unterhielt sich Einstein mit dieser kulturvollen, feinsinnigen Frau, die anscheinend eine ideale Partnerin für ihn war, viel über philosophische Probleme. Daß es bei ihren häufigen Begegnungen noch um andere, sehr private Dinge gegangen ist, kann man aus Einsteins ausdrücklichem Wunsch schließen, daß nach seinem Tod

146

alle seine Briefe an Toni Mendel von ihren Erben verbrannt werden. Dies ist geschehen. Wenn man bedenkt, welch tiefe Einsicht in die Psyche bedeutender Persönlichkeiten vertrauliche Briefe eröffnen können – die Briefe Ernst Haeckels an Frida von Uslar Gleichen (»Franziska von Altenhausen«) seien als Beispiel genannt –, muß man den Verlust dieser Dokumente bedauern.

Noch eine Bemerkung, die zugleich von medizingeschichtlichem Interesse sein dürfte. Tonis Schwiegersohn Bruno Mendel, ein Neffe ihres Mannes, hatte sich als Privatgelehrter auf ihrem Grundstück in Wannsee ein Forschungslabor eingerichtet. Dort befaßte er sich – er war Physiologe und Dr. med. – mit Fragen der Krebsentstehung und Krebsbekämpfung. Dabei wurde er von dem Biochemiker und Nobelpreisträger Otto Warburg persönlich beraten. Einstein nahm an den Forschungsexperimenten mit weißen Ratten lebhaften Anteil. Bei seinen Besuchen in Wannsee hockte er öfter auf einem der Laborschemel, bestaunte die Präzisionsinstrumente und gab auch technische Ratschläge, beispielsweise zum Bau einer elektrisch beheizten Wanne, die für die Durchführung der »Hitzetherapie« zur Abtötung der Krebszellen benötigt wurde: ein Beweis für die Vielseitigkeit auch seiner technischen Interessen.

HW: Nun muß ich mal was fragen: Wodurch wurden Ihnen Einzelheiten aus Wannsee und über Toni Mendel bekannt?

FH: Durch einen glücklichen Zufall. Bei einem meiner Vorträge über Einstein lernte ich vor Jahren eine ältere Kollegin kennen, die von 1925 bis 1933 in dem Privatlabor am Wannsee als Assistentin angestellt war. Vor kurzem befragte ich sie nun eingehend über ihre Erinnerungen an Einstein. Sie erzählte mir auch, daß Tagore während eines Aufenthaltes in Berlin mehrere Tage in der Villa am Wannsee gewohnt hat.

HW: Davon habe ich damals nichts gehört.

FH: Nach dieser Abschweifung wollen wir nun in der Chronologie der Ereignisse um die Stadtwohnung und das Sommerhaus fortfahren. Ich möchte da gleich etwas zur Sprache bringen, das ich in vielen Einstein-Biographien fand. Dabei können sich die Autoren sogar auf Einstein berufen, der sich im März 1933 auf der Rückfahrt nach Europa dazu geäußert hat. In dem Sammelwerk »Einstein über den Frieden« wurden seine Ausführungen erneut abgedruckt und mit einem Kommentar versehen, der den geschilderten Vorfall als Tatsache erscheinen läßt. Einstein erklärte, sein Sommerhaus in Caputh sei in der Vergangenheit oftmals durch die Anwesenheit von Gästen geehrt worden, die immer willkommen waren. Niemand habe irgendeinen Grund gehabt, da gewaltsam einzudringen. Daß dies geschah, sei nur ein weiteres Beispiel für die Willkür- und Gewaltakte, die sich im faschistischen Deutschland ereigneten. Der Anlaß für diese Äußerung war die Meldung von Auslandskorrespondenten aus Berlin, daß das Einstein-Haus von den Nazis, die dort ein Waffenversteck vermuteten, durchwühlt worden sei. Philipp Frank übernahm diese Zeitungsnotiz in seine Einstein-Biographie: »Einsteins Villa in Caputh wurde von der politischen Polizei durchsucht. Man vermutete, daß dort die Kommunistische Partei geheime Waffenlager versteckt hätte.« Antonina Vallentin schloß sich dieser Darstellung an, schmückte sie aber auf ihre Weise noch aus: Auf der Suche nach versteckten Waffen – schreibt sie – hätte man die Erde im Garten »methodisch umgegraben«, wobei eine hilfswillige Nachbarin sich beeilt habe, den »Hitler-Schergen« die Schaufeln zur Verfügung zu stellen. In einer amerikanischen Einstein-Biographie heißt es, ein SA-Trupp habe das Einstein-Haus umzingelt und es dann nach Waffen durchsucht; man habe aber nur ein Brotmesser gefunden! Haben Sie im Frühjahr 1933

148

von solch einem Überfall gehört? Auch wenn Sie sich in der Stadtwohnung aufhielten, hätte Ihnen gewiß Dr. Kayser davon erzählt, der in jenen Wochen – wie aus Archivalien hervorgeht – mit Caputh in Verbindung stand.

HW: Von so einem Einbruch weiß ich nichts.

FH: Durch Befragen der Grundstücksanlieger stellte sich heraus, daß es sich bei dieser Nachricht um eine Zeitungsente handelte. Man könnte diese Legende über Einstein als eine unter Dutzenden auf sich beruhen lassen, enthielte sie nicht eine Verleumdung seiner ehemaligen Nachbarn. Ihnen wird unterstellt, daß sie sich als eifrige Helfer der SA betätigten. Wenn die Nazis auch zu jeder Schandtat fähig waren – für das Sommerhaus Einsteins begannen sie sich nachweislich erst im Mai 1934 zu interessieren, nachdem der Physiker und Nobelpreisträger zwei Monate zuvor ausgebürgert worden war; mit Johannes R. Becher und anderen deutschen Antifaschisten stand er im »Reichs- und Staatsanzeiger« auf derselben Liste. Nun leiteten die zuständigen Stellen alle Maßnahmen zur Beschlagnahme seines Hauses in Caputh ein, das damals – von April 1933 bis April 1935 – von einem jüdischen Landschulheim gemietet war und genutzt wurde. Nach längerem Hin und Her wurde das Haus auf Weisung der Gestapo 1935 gemäß den Nazigesetzen über die Einziehung von kommunistischem sowie von volks- und staatsfeindlichem Vermögen zugunsten des Preußischen Staates enteignet. Die einzelnen Etappen des NS-Beutezuges gegen Einsteins Grundstück und Haus habe ich in dem bereits genannten Aufsatz dokumentarisch dargestellt.

HW: Von diesen Vorgängen erfuhr ich damals nichts.

FH: Ich habe sie aus dem Aktenmaterial rekonstruiert, das ich in verschiedenen Archiven einsehen konnte. Auch über den Verbleib von Einsteins Segelboot findet man in der biographischen Literatur unrichtige Angaben. So will Antonina Vallentin wissen, daß Einstein in der Emigration auf einem See in der Nähe von Montreal »sein geliebtes Segelboot« wiedergefunden habe. Das ist ebenso eine Legende wie die weitverbreitete Behauptung, die Nazis hätten im Frühjahr 1933 auf Einsteins Ergreifung eine Prämie von 20 000 oder 50 000 Mark gesetzt. Aber noch eine Sache bedarf der Aufklärung, und ich möchte sie hier zur Sprache bringen, weil Sie dabei genannt werden, wenn auch nicht mit Namen. In einer amerikanischen Einstein-Biographie heißt es, Frau Elsa habe gleich nach der Landung in Belgien – also Ende März 1933 – in der Haberlandstraße angerufen. Das »Dienstmädchen« habe ihr unter Tränen berichtet, daß Marianoff und Margot nach Paris geflohen seien und Ilse und ihr Mann bereits die holländische Grenze überschritten hätten. Erinnern Sie sich an dieses Telefongespräch, das ich unter den gegebenen Verhältnissen für äußerst unwahrscheinlich halte?

HW: Nein. Außerdem gab es Ende März 1933 noch gar nichts Beängstigendes aus der Haberlandstraße zu melden, schon gar nicht »unter Tränen«. Erst Anfang April ist Dr. Marianoff nach Paris abgereist, und Margot folgte ihm kurz danach. Kaysers gingen nicht über die holländische Grenze. Sie waren noch monatelang in Berlin. Ich war bei ihnen im Sommer 1933 ja noch vier bis sechs Wochen in Stellung.

FH: Also wieder so eine rührende Story um Einstein und ein weiterer Beleg dafür, wie wenig man solche Angaben ernst nehmen sollte. Doch nun aus dem Reich der journalistisch-biographischen Phantasie zurück auf den Boden der politischen Wirklichkeit! Sie erzählten mir, daß kurz nach der Abreise der Marianoffs die Kriminalpolizei in der Haberlandstraße eine Haussuchung durchführte. Was spielte sich da ab?

HW: Es muß zu Anfang oder gegen Mitte April 1933 gewesen sein, ganz früh an einem Morgen, so zwischen sechs und sieben Uhr. Ich war allein in der Wohnung und schlief

150

schlief noch. Da klingelte es. Vor der Tür standen drei oder vier Herren in Zivil. Ich hatte die Tür aufgeschlossen, die Sicherheitskette aber noch vorgelassen, weil ich ja noch gar nicht richtig angezogen war, ich hatte ja eben noch geschlafen. Die Herren sagten: »Kriminalpolizei«. Ich darauf: »Ihren Ausweis, bitte!« Da zeigten sie mir ihre Dienstmarken. Dann habe ich geöffnet und sie reingelassen. Sie fragten aber nicht nach Herrn Professor, sondern wollten nur wissen, wo Dr. Marianoff wäre. Ich sagte, daß er mit seiner Frau verreist ist. Dann fragten sie, in welchem Zimmer er gewohnt hat. Dr. Marianoff hatte zu dieser Zeit in Herrn Professors Zimmer gewohnt, da die Einsteins ja in Amerika waren. Nun durchsuchten sie dort alles und fragten mich, wann denn die Marianoffs weggegangen sind. Einer der Beamten blieb bei mir in der Küche, die anderen gingen wieder fort, zu Frau Dr. Kayser, vermutlich um nachzuschauen, ob Dr. Marianoff und Margot sich nicht vielleicht dort verborgen hielten und ob meine Angabe, daß beide verreist sind, sich mit den Aussagen von Frau Dr. Kayser deckte. Damit ich nicht telefonieren konnte, um Bescheid zu sagen, blieb eben einer der Kriminalbeamten bei mir. Aber der interessierte sich nur für Marianoff, gar nicht für Herrn Professor. Es war ein junger Mann. Er saß bei mir in der Küche, und da ich gerade beim Frühstück war, habe ich ihm eine Tasse Kaffee angeboten. Aber er hat mich immer nur nach Dr. Marianoff gefragt.

FH: Wurden alle Räume durchsucht? Auch das Turmzimmer?

HW: Sie schauten sich in den anderen Zimmern flüchtig um, aber durchsucht oder durchwühlt haben sie nichts. Nach oben, in das Arbeitszimmer von Herrn Professor, sind sie nicht gegangen. Ich nehme an, sie haben von diesem Raum gar nichts gewußt. Sie guckten sich vor allem um in dem Zimmer, wo Dr. Marianoff gewohnt hatte.

FH: Wie lange kann diese Haussuchung ungefähr gedauert haben?

HW: Vielleicht eine gute halbe Stunde. Dann hat sich, wie gesagt, einer der Beamten zu mir in die Küche gesetzt. Bald kam ein Telefonanruf, danach ist auch er gegangen.

FH: Das war also Anfang oder Mitte April 1933. Sie sagten mir, daß einige Wochen später unter dem Vorwand einer Haussuchung die Wohnung von Uniformierten geplündert wurde.

HW: Da war Frau Dr. Kayser mit in der Wohnung, und auch Fräulein Dukas. Ich bilde mir jedenfalls ein, daß Fräulein Dukas anwesend war, da wir ja den Haushalt auflösten und sie für die Verpackung der Bücher und Schriftstücke die Verantwortung trug. Auf keinen Fall war ich mit Frau Dr. Kayser allein in der Wohnung. Wir waren zu dritt. Das weiß ich ganz sicher.

FH: Wann war das?

HW: Es muß Ende Mai oder Anfang Juni gewesen sein. Ich glaube aber eher, es war noch Ende Mai. Wir waren dabei, alles einzupacken.

FH: Um welche Tageszeit war es?

HW: Gegen Abend, denn Frau Dr. Kayser kam immer erst am Nachmittag.

FH: Was ging da nun vor?

HW: Einige Männer in Uniform läuteten an der Tür. Da ich nicht allein in der Wohnung war, bin ich nicht so vorsichtig gewesen wie beim erstenmal. Ich ließ mir keine Ausweise zeigen und auch keinen Haussuchungsbefehl.

FH: Sagten die Männer ausdrücklich, daß sie eine Haussuchung durchzuführen hätten?

HW: Ja. Sie sagten, es sei eine Haussuchung. Frau Dr. Kayser mußte ihnen sämtliche Schränke aufschließen, dann mußten wir uns alle drei ins Bibliothekszimmer setzen und sollten uns nicht rühren. Das wurde uns ausdrücklich anbefohlen. Während wir schon im Bibliothekszimmer

saßen, ließen sie sich von mir Wohnungsschlüssel, Fahr-
stuhlschlüssel und Hausschlüssel geben, damit sie aus
dem Haus konnten, das ja immer verschlossen war. Erst
hörten wir sie rumlaufen, ziemlich lange. Dann wurde es
still. Da sagte ich: Ich kriege jetzt langsam Hunger, und
wollte in die Küche gehen, um etwas zu essen. Aber Frau
Dr. Kayser hatte große Angst, sie warnte mich und bat
mich, doch nicht hinauszugehen. Aber ich hatte Hunger
und wollte auch mal sehen, was denn nun eigentlich los
war. Als ich auf den Flur kam, bemerkte ich, daß niemand
mehr in der Wohnung war. Und da sahen wir gleich, daß
die Teppiche fehlten.

FH: Die Teppiche? Der Chaplin hatte sie doch als alt und
abgetreten bezeichnet.

HW: Diese Teppiche waren nun weg. Wir hatten sie schon
zusammengerollt für den Transport auf den Speicher.
Auch Bilder waren entwendet. Welche Bilder, das weiß ich
heute natürlich nicht mehr. Ich weiß aber sehr genau, daß
auch mein Mantel verschwunden war, der im Gästezimmer hing. Ich schlief ja oft dort, wenn sonst niemand in
der Wohnung war, damit ich alles besser hören konnte.
Deshalb hing mein Mantel da. In dem haben sie wahrscheinlich einiges eingepackt, was sie mitgehen ließen:
die Teekanne, die Kaffeekanne und andere Silbersachen.
Sie hatten sich aus den Schränken alles rausgesucht, was
ihnen gefiel. Sie waren so richtig auf Plünderung aus. Dabei hatten sie ausdrücklich gesagt, daß es eine Haussuchung sei. Da einige Wochen zuvor tatsächlich eine Haussuchung war, haben wir ihnen das auch geglaubt.

FH: Das muß für alle doch ziemlich aufregend gewesen
sein.

HW: Natürlich. Als wir den Diebstahl entdeckten, bin ich
sofort 'runter zum Portier. Der sagte mir, die Männer haben die Sachen auf einen Lastwagen geladen und sind damit weggefahren. Ich ging dann noch am selben Abend

zur Polizei, um den Vorfall zu melden. Ich war wirklich sehr aufgeregt. Sie hatten ja meine Schlüssel mitgenommen, und ich mußte befürchten, daß sie noch mal wiederkommen. Ich fragte beim Revier, was ich denn nun machen sollte und ob man nicht jemanden mitschicken könnte. Wir sind dann so verblieben, daß eine Freundin zu mir in die Wohnung kam. Die hat dann bei mir dort geschlafen. Glücklicherweise hatte ich Ersatzschlüssel.

FH: Wie verhielt sich die Polizei?

HW: Auf dem Revier wußte man angeblich von nichts. Aber die haben ja auch gar nicht viel unternommen. Ich sagte immer wieder, man müßte doch feststellen können, wer die Leute waren, denn sie waren ja in Uniform. Aber das half alles nichts.

FH: Was für Uniformen trugen die Plünderer?

HW: Nach meiner Erinnerung SA-Uniformen, aber vielleicht nicht alle.

FH: Wieviel waren es insgesamt?

HW: Mindestens fünf bis sechs.

FH: Wie lange mag dieses ganze Unternehmen gedauert haben? Ich meine, von dem Zeitpunkt an, als Sie mit den anderen beiden Frauen in die Bibliothek verwiesen wurden, bis zu dem Augenblick, als Sie hinausgingen, um in der Küche etwas zu essen.

HW: Wir haben mindestens anderthalb bis zwei Stunden in der Bibliothek gesessen.

FH: Waren die Strolche auch oben im Turmzimmer?

HW: Sie waren nur in der Wohnung. Ich nehme an, auch sie wußten nichts von diesem Zimmer.

FH: Haben sie die Wohnung verwüstet, Möbel und andere Gegenstände zerschlagen?

HW: Verwüstet oder zerschlagen wurde nichts. Sie haben nur die Sachen, die ihnen gefielen, gestohlen und sind damit verschwunden.

FH: Die Ansicht, auf die man gelegentlich stößt, die Nazis

154

hätten in Einsteins Stadtwohnung alles kurz und klein geschlagen, entspricht also nicht den Tatsachen. Die Vermutung Chaplins, der Flügel im Biedermeiersalon sei von den deutschen Faschisten zu Brennholz zerhackt worden, trifft ebenfalls nicht zu. Das Instrument kam unbeschädigt nach Princeton. Einstein hat in seinen letzten Jahren viel auf diesem Bechstein-Flügel gespielt oder wurde auf ihm von Musikern, die ihn besuchten, zum Geigenspiel begleitet. Doch eine Vorstellung wie die Chaplins paßt eben trefflich in das landläufige Klischee vom deutschen Faschismus und eignet sich gut für die Bühne; die Oper »Einstein« von Paul Dessau beweist dies. Aber die Nazis kannten vor allem in den ersten Jahren noch andere Methoden als die der Kristallnacht 1938. in seinem Dokumentarstreifen »Der gewöhnliche Faschismus« hat der sowjetische Filmschöpfer Michail Romm dies eindrucksvoll gezeigt. Das Gaunerstück der SA in der Haberlandstraße, das Sie miterlebten, ist ein weiterer Beleg dafür. Übrigens haben Sie sich da wirklich unerschrocken verhalten, das muß man schon sagen. Wenn Einstein Sie im Rückblick die »tapfere Herta« nannte, so dachte er dabei wohl auch an dieses Erlebnis und an Ihr mutiges Auftreten. Er hat doch sicherlich davon erfahren.

HW: Das möchte ich annehmen, denn Frau Dr. Kayser und Fräulein Dukas waren ja dabei.

FH: Wohin kamen nun die Möbel und die sonstigen Einrichtungsgegenstände, soweit die Nazis sie nicht entwendet hatten?

HW: Wir schafften sie auf den Speicher der Spedition Silberstein in Schöneberg.

FH: Ging der Möbeltransport in der Dunkelheit vor sich, um kein Aufsehen zu erregen?

HW: Ach i wo, das war wie ein gewöhnlicher Umzug. In mehreren Möbelwagen wurde alles abgeholt und auf den Speicher gebracht. Beim Verpacken hatte mir meine Kusine geholfen. Wohin alles geschickt werden sollte, das bestimmte Frau Dr. Kayser.

FH: Helene Dukas teilte mir vor Jahren mit, daß die Briefschaften und Manuskripte Einsteins auf diplomatischem Weg, als Kuriergepäck, das nicht kontrolliert wurde, über die Französische Botschaft nach Paris gingen und von da nach Princeton befördert wurden. Sämtliche Bücher Einsteins aus der Berliner Stadtwohnung kamen nach Princeton, ebenso die Wohnungseinrichtung. Die Transporte liefen unter dem Namen von Dr. Kayser. Es ist aktenkundig, daß Kayser auch in Caputh vieles gerettet hat oder zu retten versuchte. Ich habe Eingaben und Briefe von ihm und seinem Anwalt gelesen, in denen gegen die Beschlagnahme von Einsteins Segelboot und später gegen die Enteignung des Blockhauses und des Grundstücks Einspruch erhoben wurde. Natürlich vergebens. Wie Sie ja wissen, emigrierte Kayser im Sommer 1933 mit seiner Frau nach Paris. Nach ihrem Tod hielt er sich eine Zeitlang in den Niederlanden auf. Schließlich wanderte auch er in die Vereinigten Staaten aus. Dort wirkte er an einer Universität als Professor für deutsche Literatur. Im Jahre 1946 veröffentlichte Rudolf Kayser in New York ein Buch über den Philosophen Spinoza, zu dem Albert Einstein, der diesen Denker hoch verehrte, ein Geleitwort schrieb.

HW: Das wußte ich nicht. Aber ich kannte das Ehepaar Kayser sehr gut, und nicht nur von ihren häufigen Besuchen in der Stadtwohnung und in Caputh. Ich habe auch mal vier Wochen bei ihnen gekocht, als die Einsteins längere Zeit nicht in Berlin waren und die Hausangestellte der Kaysers im Krankenhaus lag.

FH: Nach Ihren Angaben im Vernehmungsprotokoll vom 5. September 1934, auf das wir gleich zu sprechen kommen werden, und nach dem Führungszeugnis, das Frau Einstein Ihnen ausstellte, wurde der Haushalt in der Haberlandstraße am 1. Juni 1933 aufgelöst. War da die

156

Wohnung vollständig geräumt, oder sind irgendwelche Gegenstände, die keinen besonderen Wert hatten, zurückgeblieben?

HW: Die Wohnung war ganz leer. Es war ausgemacht worden, daß ich mir das ganze Töchterzimmer nehmen durfte. Die Möbel waren hellgrün gestrichen, es war so ein richtiges Jungmädchenzimmer, wie man es früher hatte. Im ganzen bestand es aus zwei Schränken, einem Bett, einem runden Tisch, dann einem kleineren Tisch, auf dem Margot modelliert hatte, schließlich waren noch ein Frisiertisch und ein kleiner Damenschreibtisch dabei. Alles das war aber nicht so wertvoll, das wurde nicht auf den Speicher gebracht zum Nachsenden nach Amerika. Das sollte ich mir nehmen. Alles andere wurde nachgeschickt. Verkauft wurde nichts. In Caputh blieb alles, wie es war...

FH: ... abgesehen davon, daß Freunde von Dr. Kayser im Frühjahr 1933 alle Sachen, die beim Töpfermeister Wolff über den Winter untergestellt waren, nach Berlin geschafft hatten. Dies geht aus einem Aktenvermerk im Archiv des Gemeinderates Caputh hervor und wurde mir von Einwohnern bestätigt. In dem Vermerk heißt es, daß Frau Bornemann, die obere Nachbarin, an zwei amerikanische Steppdecken, die gleichfalls abgeholt wurden, noch 66 Knöpfe angenäht hatte. Auch Knöpfe werden mitunter aktenkundig.

HW: Von alledem wurde mir nichts bekannt. Ich hatte damit ja auch nichts zu tun. Aber aus meiner Zeit bei Dr. Kayser möchte ich noch etwas erzählen. Die Kaysers hatten einen großen Kater, der saß immer auf dem Schreibtisch, wenn Herr Dr. Kayser schrieb. Er war etwas bräunlich in der Farbe und gestreift wie ein Tiger. Oh, das war ein feines Tier! Und verwöhnt war der. Für ihn mußte ich immer Schleiebücklinge kaufen, andere mochte er nicht. Bei den Mahlzeiten saß er mit bei Tisch. Es wurde da eine

Serviette auf dem Tisch ausgebreitet, und der Kater saß auf einem Stuhl und legte seine Vorderpfoten auf die Serviette. Er hat aber sehr manierlich gegessen und nichts danebengeschlabbert.

FH: Das erinnert mich an den Brauch, den der Chemiker Wilhelm Ostwald, den ich in unseren Gesprächen schon mehrmals nannte, in seinem Haus in Großbothen bei Leipzig eingeführt hatte. Da saß die Hauskatze auch immer gleichberechtigt mit der Familie bei Tisch, oftmals zum Entsetzen der Gäste, die an solche Tischsitten nicht gewöhnt waren. Als ich in den Jahren 1956/57 im Ostwald-Archiv arbeitete, wurde mir das Korbstühlchen gezeigt, das eigens für diesen Zweck angefertigt worden war. Aber Ihr Peter in Caputh saß sicherlich nicht mit bei Tisch.

HW: Ach i wo! Der Peter hat bei mir in der Küche zu fressen gekriegt. Der war auch nicht verwöhnt. Ein zugelaufener Kater ist nicht so.

FH: Da wir gerade über Katzen sprechen: Es scheint, daß Einstein in Princeton sehr viel für Katzen übrig hatte. Wenn er sich in seiner Berliner Zeit einen »Segelnarren« nannte, so muß er in Princeton auch ein bißchen ein Katzennarr gewesen sein. In der Biographie, die von Helene Dukas mitverfaßt wurde und zumindest für Einsteins letzte Jahrzehnte legendenfrei sein dürfte, wird geschildert, wie er seine Katze, die immer sehr bedrückt war, wenn es regnete, mit den Worten zu trösten suchte: »Ich weiß schon, wo es fehlt, meine Gute, aber wie man es abstellt, weiß ich wirklich nicht.« An derselben Stelle berichtet einer seiner Assistenten in Princeton, daß Einstein einmal vom Institut zu seiner Wohnung eigens einen Umweg machte, um sich die neugeborenen Kätzchen seines Mitarbeiters anzusehen. Als er merkte, daß in der Nachbarschaft überall Institutskollegen wohnten, sagte er zu ihm: »Gehen wir lieber etwas schneller. Ich habe die Einladungen von so vielen Leuten hier abgelehnt, hoffentlich merken die nicht, daß ich Ihre Katzen besuche.«

HW: Ich habe das auch gelesen und mich sehr darüber amüsiert. Wie mir Margot nach dem Krieg schrieb, hatte sie in Princeton einmal dreißig junge Katzen zur gleichen Zeit. Da habe »Vater Albert« gesagt, nun hätt' er aber genug.

FH: Wer wollte ihm da widersprechen? Übrigens hatte auch Lenin in seiner Zwei-Zimmer-Wohnung im Kreml eine Katze. Sie war der Liebling der Familie, sprang ihm oft auf die Schulter und machte es sich gern auf seinem Schoß bequem. Clara Zetkin hat dies in ihren Erinnerungen an Lenin liebevoll geschildert, und andere Besucher auch. Es gibt Filmdokumente, die Lenin zeigen, wie er seinen Kater streichelt. Doch nach diesem heiteren Exkurs über Katzen und Kätzchen zurück zu Ihnen. Wie ging es auf Ihrem Lebensweg weiter, nachdem Ihre Tätigkeit in der Haberlandstraße beendet war?

HW: Ich nahm anschließend meinen bezahlten Jahresurlaub, und dann war ich noch vier bis sechs Wochen bei Dr. Kayser angestellt, bis auch dieser Haushalt aufgelöst wurde. Das hatte man wohl so vereinbart. Im Spätsommer 1933 trat ich dann im Haushalt eines Arztes, eines Chirurgen, in Moabit eine neue Stellung an.

FH: Hier hat Sie die Polizei im Sommer 1934 aufgespürt, als Sie auf Betreiben der Gestapo von der Kriminalpolizei verhört werden sollten. Unmittelbarer Anlaß für Ihre Vernehmung war, daß Einsteins Haus in Caputh enteignet werden sollte. Angeblich hatte Einstein dort marxistische Bestrebungen gefördert und mit Funktionären der KPD sowie mit anderen Staatsfeinden hinter verschlossenen Türen geheime Verhandlungen geführt. Da es dafür keine schriftlichen Beweise gab, die als Grundlage für die Enteignung hätten dienen können, sollte – wie es in einem Aktenstück heißt – »durch geschickte Vernehmung der damaligen Hausangestellten« herausgefunden werden, wer die Personen waren, die im Einstein-Haus verkehrten. Die Gestapo hatte Ihnen also beim Raubzug gegen das Haus in Caputh eine Schlüsselrolle zugedacht. Sie wollte Sie als Kronzeugin für Einsteins staatsfeindliche Umtriebe ins Spiel bringen. Darf ich Sie bitten, die Vorgänge bei der polizeilichen Vernehmung vom 5. September 1834 nun der Reihe nach zu schildern.

HW: Die Polizei wandte sich zunächst an meine Eltern in Lautawerk, um von ihnen meine Adresse zu erfahren, ohne Angabe von Gründen. Ich habe dann in Berlin bald eine Vorladung bekommen. Am 5. September 1934 sollte ich im Polizeipräsidium am Alexanderplatz erscheinen. Ein Grund für diese Vorladung wurde auch mir nicht genannt. Es hat mir schlaflose Nächte bereitet. Ich wußte ja nicht, was die von mir wollten. Ich habe nachher richtig aufgeatmet, als ich in das Zimmer gerufen wurde und sah, daß auf der Akte, die schon auf dem Tisch lag, »Einstein« stand. Es würde also nicht um mich gehen, sondern um Herrn Professor. Und der war weit und in Sicherheit. Da ist mir direkt ein Stein vom Herzen gefallen. Ich mußte meine Personalien angeben. Dann hat mich der Kriminalbeamte, der bei meinem Eintreten bereits am Schreibtisch saß, gefragt, ob ich von den Einsteins noch Geld zu bekommen hätte, ob sie gut zu mir waren oder ob sie mich vielleicht schlecht behandelt hätten. Der Beamte stellte mir lauter Fragen, auf die er negative Antworten erwartete, die Herrn Professor belastet hätten.

FH: Wie lange dauerte diese Vernehmung?

HW: Eine gute halbe Stunde oder auch etwas mehr. Dann mußte ich das Protokoll unterschreiben und konnte wieder gehen. Ich habe dann nie wieder was von der Kripo gehört.

FH: Das Vernehmungsprotokoll konnte ich in einem unserer Archive schon vor Jahren einsehen. Da es im vorliegenden Zusammenhang wesentlich ist, möchte ich es nach meiner Abschrift buchstabengetreu wiedergeben. Sie sagten also am 5. September 1934 vor der Staatspolizei-Inspektion II, 1 b, Berlin, folgendes aus:

»*Ich war vom 15. 6. 1927 bis 1. Juni 1933 bei dem Professor Dr. Albert Einstein, Berlin W 30, Haberlandstr. 5, als Hausangestellte tätig. Während meiner Tätigkeit dortselbst verkehrten sehr viele Persönlichkeiten wie Gerhart Hauptmann, Professor Planck, Professor Ehrmann, Professor Lichtwitz, Proffessor Maier, Musikdirektor Kleiber und viele andere. Es war immer ein reges Kommen und Gehen im Hause. Auch viele ausländische Persönlichkeiten verkehrten dort. Viele Pazifisten und Zionisten verkehrten ebenfalls dort. Ich hatte oft Gelegenheit, bei solchen Besuchen Gespräche zu hören, aus welchen ich aber nichts Verdächtiges entnehmen konnte. Zur damaligen Zeit wäre es mir auch weiter nicht aufgefallen, wenn in politischer Hinsicht etwas gesprochen worden wäre. Die Gespräche der Besucher wurden öffentlich geführt, d. h. nicht bei verschlossenen Türen.*

Bereits im Dezember 1932 ist Einstein mit seiner Frau nach Amerika gefahren und infolge des Umsturzes in Deutschland nach hier nicht mehr zurückgekehrt. Wie mir bekannt, soll Einstein sich in Kalifornien aufhalten und dortselbst tätig sein.

Die Sommerwohnung in Caputh wurde in den Monaten Oktober, bzw. November jedes Jahres verschlossen und die in der Haberlandstr. gelegene Wohnung bezogen. So geschah es auch im Dezember 32, wo E. nach Amerika ging und von dort nicht mehr zurückkehrte.

Irgendwelche Angaben, über E. und seine Töchter, die politischen Charakters sein könnten, kann ich nicht machen. Wie mir bekannt, gehört das Grundstück in Caputh den Kindern des E. Die Töchter sind Kinder der Frau Einstein aus erster Ehe.«

Soweit der Wortlaut des Protokolls. Dann folgen die üblichen Abkürzungen für: vorgelesen – genehmigt – unterschrieben sowie links Ihre Unterschrift. Rechts unterzeichnete der Kriminalassistent, der Sie vernommen hatte. Aber noch eine Bemerkung dazu: Mit Professor Maier ist sicherlich Einsteins letzter Privatassistent in Berlin, Dr. Mayer, gemeint. Aber wer war Professor Lichtwitz? Diesen Namen habe ich nie von Ihnen gehört, wenn Sie von Einsteins Besuchern sprachen, und ich konnte ihn auch in keinem Nachschlagewerk finden.

HW: Wer das war, weiß ich heute nicht mehr. Es kann sein, daß beim Protokollieren ein Hörfehler unterlaufen ist.

FH: Ihre Vernehmung sollte die formal-juristische Handhabe für die Beschlagnahme des Grundstückes in Caputh liefern. Sie erwies sich jedoch als ein Schlag ins Wasser. Das war auch den mit der Einziehung beauftragten Stellen klar. In einem Aktenstück heißt es: »Ein Nachweis, daß das Grundstück staatsfeindlichen Bestrebungen gedient hat, ließ sich jedoch – auch durch Vernehmung der Hausangestellten – nicht erbringen.« Was die Gestapo hören wollte, erfuhr sie von Ihnen nicht. Obwohl Sie über die politische Einstellung der Einsteins unterrichtet waren – ich denke da nur an die Szene vor dem Wahllokal in Caputh –, vermieden Sie jede Bemerkung darüber und stellten sich unwissend. Eine Aussage über die Äußerung von Frau Einstein wäre für die Gestapo ein gefundenes Fressen gewesen. Zwar wollte man von Ihnen nur die Namen von KPD-Funktionären hören, mit denen Einstein staatsfeindliche Gespräche geführt haben sollte; aber für die Nazis war auch die SPD, der die Einsteins ihre Stimme gegeben hatten, eine marxistische Partei, und sie war im September 1934 ebenfalls längst verboten. Von den Besuchern im Sommerhaus, auf deren namentliche Ermittlung es ja gerade ankam, ist im Protokoll überhaupt nicht die Rede. Was da gesagt wird, bezieht sich mehr auf die Stadtwohnung. Dabei fällt auf, daß Sie aus der großen Zahl von Einsteins Gästen nur einige ausgewählt haben. Warum haben Sie beispielsweise Gerhart Hauptmann und Erich Kleiber namentlich angeführt?

HW: Von Gerhart Hauptmann erzählte man damals, er habe sich nicht gut zur Judenfrage geäußert und sympathisiere mit den Nazis. Das hat mir sehr mißfallen. Generalmusikdirektor Kleiber führte ich an, weil er zu jenen Juden gehörte, die nun Einstein verleugneten, weil sie ihm die Hauptschuld an den Judenverfolgungen gaben.

FH: Über diese Frage äußerte sich Frau Elsa im April 1933 in einem Brief an Antonina Vallentin. Sie schrieb an sie aus Belgien: »Das Tragische in meines Mannes Schicksal ist, daß alle deutschen Juden ihn dafür verantwortlich machen, daß ihnen dort so Schreckliches widerfahre. Sie glauben, durch sein Auftreten habe man Repressalien ausgeübt, und sie haben in ihrer Borniertheit die Parole ausgegeben, sich von ihm abzuwenden und ihn zu hassen. So bekommen wir mehr haßerfüllte Briefe von Juden als von den Nazis. Dabei hat er sich in Wahrheit für die Juden geopfert! Er war unerschrocken, und er hat nicht versagt. Ist es nicht tragisch, daß dieselben Menschen, für die er ein Abgott war, ihn nun mit Dreck bewerfen?« In einem anderen ihrer Briefe schrieb Frau Elsa an Antonina: »Die Juden dort sind derart verängstigt und beurteilen ihre Lage derart falsch, daß ihnen nicht beizukommen ist von seiten meines Mannes. Sie haben alle seine Bilder entfernt oder auch verbrannt.«

HW: Zu diesen Juden gehörte nach meiner Erinnerung auch Musikdirektor Kleiber, und deshalb habe ich seinen Namen angegeben. Er war öfter bei Herrn Professor zu Gast, und sie tranken zusammen Tee. Ich fand es nicht schön, daß er sich nachher so verhalten hat. Aber wie ich schon sagte: Ich wurde besonders nachdrücklich gefragt,

163

ob ich noch Geld von den Einsteins zu bekommen hätte und wie ich in der Familie behandelt worden bin.

FH: Die Gestapo hätte sicherlich sehr gern gehört, daß Sie als »arische« Hausangestellte von dem »Juden Einstein«, wie es in einigen Aktenstücken heißt, schlecht behandelt wurden. Daher stellte der Kriminalbeamte immer wieder solche Fragen.

HW: Aber als er dann merkte, ich sage nur Gutes aus, gab er es auf, weiter in dieser Richtung zu fragen. Ich sagte zu ihm: »Wenn ich es schlecht gehabt hätte, dann wäre ich doch wohl nicht sechs Jahre im Haushalt geblieben.« Darauf meinte er: »Na ja, früher hat man gesagt: Hosianna, heute sagt man: Steinigt sie!« Das ist mir so in der Erinnerung geblieben. Das habe ich mir wörtlich gemerkt. Es hat mir imponiert, daß er es wagte, das zu sagen.

FH: Ein fanatischer Nazi war dieser Kriminalassistent offenbar nicht. Aber was half das alles! Die Einziehung des Einstein-Hauses war für die Gestapo eine beschlossene Sache. Sie wurde durchgeführt trotz fehlender Beweise für eine staatsfeindliche Betätigung Einsteins auf diesem Grundstück. – Wie hat nun der Arzt, in dessen Haushalt Sie Stütze waren, auf Ihre Vorladung reagiert? Es konnte ihm unter den herrschenden Verhältnissen doch nicht gleichgültig sein, daß seine Hausangestellte ins Polizeipräsidium zu einer Vernehmung gerufen wurde.

HW: Ich habe nachher alles erzählt, und er hatte dafür Verständnis. Auch seine Frau war beruhigt, als sie hörte, warum ich zum Polizeipräsidium vorgeladen wurde. Zuerst waren sie beide sehr um mich besorgt.

FH: Wie lange waren Sie in Moabit beschäftigt?

HW: Bis das Gesetz rauskam, daß »arische« Angestellte nicht mehr in jüdischen Haushalten tätig sein dürfen. Dann arbeitete ich noch in einem jüdischen Kinderheim in der Nähe des Rosenthaler Platzes. Das war eine öffentliche Einrichtung, kein Privathaushalt, und da durfte ich angestellt werden. Bis zu meiner Verheiratung im Oktober 1936 war ich in diesem Heim. Dann gab ich die Tätigkeit als Hausgehilfin auf.

FH: Bekamen Sie von den Einsteins nach der Auswanderung noch Post?

HW: Ja. Ich bekam häufig noch von Margot Briefe, jedenfalls in der ersten Zeit. Es stand da aber nichts Politisches drin, weil sie ja damit rechnen mußte, daß die Briefe durch die Zensur gingen. Nach der Vernehmung durch die Kriminalpolizei im September 1934 kam es öfter vor, daß Briefe an mich kontrolliert wurden. Nicht nur Briefe aus dem Ausland, sondern auch Briefe, die meine Mutter aus Lautawerk an mich schrieb. Sie waren geöffnet und neu zugeklebt worden. Das konnte ich deutlich sehen.

FH: Wahrscheinlich vermutete man darin irgendwelche Hinweise, die auf Ihre weitere Verbindung mit dem »Juden Einstein« und dessen Familie schließen ließen. Die Gestapo kannte ja nun Ihre genaue Adresse und hatte ein wachsames Auge auf Sie. Wer sechs Jahre bei einem Juden gearbeitet hatte und nun wieder in einem jüdischen Haushalt tätig war, der mußte diesen Leuten doch verdächtig erscheinen.

HW: Da möchte ich etwas berichten. Margot schickte mir aus Paris ein Schmuckstück. Aber es kam ganz zerstampft an. Man sah, daß der Schmuck nicht etwa versehentlich unterwegs beschädigt wurde, sondern daß er mit Absicht, mutwillig, zerstoßen worden war, um ihn wertlos zu machen. Von Margot erfuhr ich damals – 1934 – von Ilses Ableben in Paris. Der Schmuck sollte vermutlich ein persönliches Andenken an Frau Dr. Kayser für mich sein. Margot hatte ja ihre Schwester bis zu deren Tod gepflegt.

FH: Um den Anschluß an die Zeit nach dem zweiten Weltkrieg zu finden, als Sie wieder mit den Einsteins in Briefwechsel traten, möchte ich Sie bitten, kurz zu schildern, wie Sie über die Kriegsjahre gekommen sind.

HW: Ich war bis 1943 in Berlin. Mein Mann wurde eingezogen. Als dann die Luftangriffe immer heftiger wurden, ging ich mit unserem Jungen nach Lautawerk zu meinem jüngeren Bruder. Zuletzt fanden wir bei freundlichen Leuten im Erzgebirge Aufnahme. Nach Kriegsende kehrte ich nach Berlin zurück. Wie durch ein Wunder war die alte Wohnung stehengeblieben. Ich arbeitete wie viele andere Berlinerinnen als Trümmerfrau. Zu den Weltfestspielen 1951 suchte die Staatliche Handelsorganisation Verkäuferinnen. Ich meldete mich zunächst nur für vier Wochen, aber man ließ mich dann nicht mehr fort. So war ich insgesamt sechzehn Jahre, bis zu meiner Berentung, bei der HO: als Verkäuferin, Verkaufsstellenleiterin und an der Kasse. Ich wurde als Aktivistin ausgezeichnet. Mein Mann kam 1948 aus englischer Kriegsgefangenschaft zurück und arbeitete dann in einem volkseigenen Betrieb. Unser Sohn hat Straßen- und Brückenbauwesen studiert und ist jetzt in der Projektierung tätig.

FH: Sagen Sie bitte noch einiges zu Ihrer Korrespondenz mit den Einsteins nach dem zweiten Weltkrieg.

HW: Ich habe sehr lange gezögert, an Herrn Professor zu schreiben, denn ich wollte nicht etwa als Bittsteller erscheinen. Aber 1947 schrieb ich dann doch zu seinem achtundsechzigsten Geburtstag am 14. März. Ich schrieb, wie ich die Kriegsjahre überdauert hatte und wie es mir ging. Als ich noch immer überlegte, nun müßte mein Brief doch langsam in Princeton sein, da kam schon ein Luftpostbrief an. Darin schrieb mir Margot, sie hätten oft von mir gesprochen und hätten sich um mich gesorgt. Ihrem Brief lag ein handschriftlicher Brief von Herrn Professor bei.

FH: Zu diesem Brief Einsteins sind zwei Anmerkungen zu machen. Die Formulierung »Das Häuschen dort haben nun die Russen« darf nicht so verstanden werden, als hätte die sowjetische Besatzungsmacht jemals Haus und Grundstück für sich in Anspruch genommen. Aus Akten geht hervor, daß der sowjetische Kommandant im Sommer 1945 dem Bürgermeister den Befehl gab, das Haus unverzüglich in seinen ursprünglichen Zustand zu versetzen für den Fall, daß Einstein zurückkehren wolle. Davon erfuhr Einstein leider nichts. Mit seiner Bemerkung meinte er aber wohl nur, daß sein ehemaliges Sommerhaus nun – also im April 1947 – in der »russischen« Besatzungszone liege. Was das »dicke Segelschiff« angeht, so hatte man ihn offensichtlich unrichtig informiert. In den Akten des Gemeinderates in Caputh fand ich einen Vermerk, der besagt, daß ein amerikanischer Besatzungsoffizier im Sommer 1945 beim Bürgermeister vorstellig wurde und im Auftrag Einsteins anfragte, was aus seinem Haus und seinem Segelboot geworden sei. Über den Nachbesitzer des Segelbootes übermittelte man ihm eine irrtümliche Auskunft. So kam Einstein zu der Ansicht, daß ein Nazi sein Segelboot bekommen habe. Inzwischen konnte ich das klären. Der Käufer des Bootes, ein Zahnarzt in Babelsberg, war kein Nazi und hatte mit den Nazis nichts zu tun. Im Gegenteil! Er unterstützte die Waisen eines Antifaschisten, der vom »Volksgerichtshof« zum Tode verurteilt und hingerichtet worden war. Es ist bedauerlich, daß Einstein den wirklichen Sachverhalt nicht mehr erfahren konnte. Gerade an seinem Segelboot hing er sehr, wohl nicht nur, weil es so komfortabel war, sondern auch wegen der vielen schönen Stunden, die er auf ihm mit Freunden erlebt hatte.

HW: Sein Segelboot hat Herr Professor sehr geliebt. Das war in Caputh schon so, und das zeigt ja auch der Brief an mich, den Sie eben nannten.

FH: Sie sagten mir, daß die Einsteins Ihnen mehrere Lebensmittelpakete schickten.

HW: Das erste kam schon wenige Tage nach dem Eintreffen des Luftpostbriefes vom 8. April 1947. Nach meiner Erinnerung ist alle sechs bis acht Wochen ein Paket gekommen. Es mögen vielleicht insgesamt zehn Pakete gewesen sein. Weil ich nach dem ersten geschrieben hatte, daß ich den Bohnenkaffee, so gern ich ihn trinke, zum Teil gegen Obst für unseren Jungen eingetauscht habe, schickten sie mir im nächsten Paket die doppelte Menge.

FH: Wenn Sie nun heute zurückschauen auf die Zeit, in der Sie in Einsteins Haushalt tätig waren: Möchten Sie diese sechs Jahre in Ihrem Leben missen?

HW: Auf keinen Fall.

FH: Damit wollen wir es genug sein lassen mit Fragen und Antworten. Eine Weiterführung des Gesprächs würde vermutlich noch diese oder jene Erinnerung ans Licht bringen, aber wir streben ja keine Vollständigkeit an. Sie haben in der Tat viel und Verschiedenartiges mit Einstein und seiner Familie erlebt. Gestützt auf Ihr gutes Gedächtnis, berichteten Sie darüber, sachlich und wahrheitsgetreu. Wenn bei so weit zurückliegenden Erlebnissen die Möglichkeit eines Irrtums auch nicht ausgeschlossen werden kann, so wurde hier doch nichts erfunden und nichts ausgeschmückt – im Unterschied zu manchen biographischen Berichten über Einstein, die von Hirngespinsten und Legenden strotzen.

Wenn ich Sie manchmal nach kleinen und kleinsten Dingen fragte und nach scheinbaren Nebensächlichkeiten ausforschte, so geschah dies in der Absicht, die Umwelt des großen Physikers und Humanisten in seinen letzten Berliner Jahren so konkret und exakt wie möglich zu erfassen und zugleich etwas von der Atmosphäre einzufangen, die in seinem Haus geherrscht hat. Dabei haben wir offen auch über solche Punkte gesprochen, die sonst gern umgangen werden. Ich glaube, daß es in Einsteins Sinn war, auch hier freimütig und aufrichtig zu sein. Als er

1950 von Max von Laue auf einige kritische Bemerkungen seines Biographen Philipp Frank aufmerksam gemacht wurde, erwiderte er: »So hat der liebe Gott seine
angebliche Lieblingsbestie eben geschaffen.« Einstein
wollte nicht anders erscheinen, als er war.
Nun bleibt mir noch übrig, Ihnen, verehrte Frau Waldow,
recht herzlich dafür zu danken, daß Sie meine vielen, in
die Einzelheiten dringenden Fragen so geduldig beant-
wortet und mir da und dort das Stichwort geliefert haben
für zusätzliche dokumentarisch-biographische Informa-
tionen und wissenschaftsgeschichtliche Kommentare.
HW: Das habe ich gern getan, Herr Professor...
FH: ... wobei »Herr Professor« diesmal kein Gleichwort
ist für *Albert Einstein.*

Zu Seite 82: Der kleine Badeort an der See, wo Einstein sich im Sommer 1928 nach seiner schweren Erkrankung erholte, war Scharbeutz, ein Fischerdorf in der Lübecker Bucht. Das geht aus Briefen von Margot Einstein an Gerhart Hauptmann hervor.

Zu Seite 120: Einem Leser verdanke ich den Hinweis, daß im Jahrgang 1929, Heft 50, der Zeitschrift »Die Yacht« eine ausführliche, mit Bauzeichnungen versehene Beschreibung von Einsteins Jollenkreuzer »Tümmler« zu finden ist.

Zu Seite 140: Zu Einsteins 100. Geburtstag wurde das Sommerhaus als Stätte des Gedenkens in seinem ursprünglichen Zustand wiederhergestellt. Es wird jetzt von der Akademie der Wissenschaften der DDR als Gästehaus des Zentralinstituts für Astrophysik genutzt.

Zu Seite 162: Der im Polizeiprotokoll als häufiger Besucher genannte Professor Lichtwitz war Internist und Abteilungsleiter am Rudolf-Virchow-Krankenhaus in Berlin. Nach seiner Vertreibung aus Hitlerdeutschland wirkte er in New York.

Inhalt

ISBN 3-371-00108-3

4. Auflage 1990
Lizenznummer: 48
LSV 7003
Lektor: Günter Grimm
Gesamtgestaltung: Hans-Joachim Petzak
Printed in the German Democratic Republic
Lichtsatz: Druckhaus Aufwärts, Leipzig III/18/20-3819
Druck: Gutenberg Buchdruckerei und Verlagsanstalt Weimar
Betrieb der VOB Aufwärts
Buchbinderische Weiterverarbeitung:
VOB Buchbinderei Südwest, Leipzig
Bestellnummer: 695 321 0